Mathias Béjean

Le management à l'épreuve des activités de création

Mathias Béjean

Le management à l'épreuve des activités de création

Enquête sur les régimes de signification dans les
entreprises de création contemporaines

Éditions universitaires européennes

Impressum / Mentions légales
Bibliografische Information der Deutschen Nationalbibliothek: Die Deutsche Nationalbibliothek verzeichnet diese Publikation in der Deutschen Nationalbibliografie; detaillierte bibliografische Daten sind im Internet über http://dnb.d-nb.de abrufbar.
Alle in diesem Buch genannten Marken und Produktnamen unterliegen warenzeichen-, marken- oder patentrechtlichem Schutz bzw. sind Warenzeichen oder eingetragene Warenzeichen der jeweiligen Inhaber. Die Wiedergabe von Marken, Produktnamen, Gebrauchsnamen, Handelsnamen, Warenbezeichnungen u.s.w. in diesem Werk berechtigt auch ohne besondere Kennzeichnung nicht zu der Annahme, dass solche Namen im Sinne der Warenzeichen- und Markenschutzgesetzgebung als frei zu betrachten wären und daher von jedermann benutzt werden dürften.

Information bibliographique publiée par la Deutsche Nationalbibliothek: La Deutsche Nationalbibliothek inscrit cette publication à la Deutsche Nationalbibliografie; des données bibliographiques détaillées sont disponibles sur internet à l'adresse http://dnb.d-nb.de.
Toutes marques et noms de produits mentionnés dans ce livre demeurent sous la protection des marques, des marques déposées et des brevets, et sont des marques ou des marques déposées de leurs détenteurs respectifs. L'utilisation des marques, noms de produits, noms communs, noms commerciaux, descriptions de produits, etc, même sans qu'ils soient mentionnés de façon particulière dans ce livre ne signifie en aucune façon que ces noms peuvent être utilisés sans restriction à l'égard de la législation pour la protection des marques et des marques déposées et pourraient donc être utilisés par quiconque.

Coverbild / Photo de couverture: www.ingimage.com

Verlag / Editeur:
Éditions universitaires européennes
ist ein Imprint der / est une marque déposée de
OmniScriptum GmbH & Co. KG
Heinrich-Böcking-Str. 6-8, 66121 Saarbrücken, Deutschland / Allemagne
Email: info@editions-ue.com

Herstellung: siehe letzte Seite /
Impression: voir la dernière page
ISBN: 978-3-8416-6175-3

Le management à l'épreuve des activités de création

Enquête sur les régimes de signification dans les entreprises artistiques contemporaines

À Stéphanie,

Sacha et Elisa

À ma mère

Sommaire

Préambule

Cet ouvrage repose sur un travail de doctorat en sciences de gestion réalisé au Centre de Gestion Scientifique (CGS) de Mines ParisTech entre 2004 et 2008. Par rapport à la version originale du manuscrit, il s'agit d'une version entièrement refondue, tant sur la forme, que sur le fond. En particulier, les éléments bibliographiques ont pour la plupart été relayés en annexe et les références non centrales ont été supprimées pour ne pas alourdir la lecture du document. La présentation des cas a également été modifiée pour suivre cette logique. L'accent a été mis sur la spécificité de l'approche poursuivie, à savoir d'aborder la question du management des activités de création via la notion de *régime de signification*.

Remerciements

En ce qui concerne le travail de thèse original, nous remercions le CGS de Mines ParisTech, et en particulier le professeur Armand Hatchuel (directeur de thèse), ainsi que l'ensemble des autres membres du jury pour leurs lecture et commentaires, à savoir: Pierre Guillet de Monthoux (rapporteur), Franck Tannery (rapporteur), François Colbert (suffragant) et Gilles Garel (président du jury). Ce travail n'aurait également pu voir le jour sans l'accueil bienveillant de l'ensemble des acteurs de terrain rencontrés, qu'ils en soient ici tous remerciés, et tout particulièrement : Éliane Courbou, Pierre Faix, Cédric Hachard, Fabrice Cochet, Yelka Orlic et Bernard Giry.

En ce qui concerne la présente édition, nous tenons à remercier les collègues et amis qui ont permis de présenter ou discuter des éléments de ce travail dans différents contextes, en particulier : Romain Laufer, Jean-Paul Dumond, Olivier Hirt, Olivier Germain, Edith Heurgon, Sylvain Allemand, Sophie de Paillette, Annie Gentès et François Nicolas. Nous adressons un remerciement tout particulier à Andrée C. Ehresmann qui a accepté de poursuivre cette enquête avec nous. Si chacune de ces personnes a contribué, directement ou indirectement, à notre réflexion, elles ne sont évidemment pas responsables des propos développés ici.

Introduction

Ce livre traite du management des entreprises de création. Partant d'une expérience fondatrice dans une agence de création de jardins, l'enquête appréhende un certain nombre de difficultés récurrentes dans ces entreprises, en particulier pour organiser les activités de création. Elle s'attache à montrer que des efforts, mal éclairés, de structuration du *référentiel de création* d'un artiste peuvent aboutir à de multiples crises sur les espaces de *conception* et de *jugement* des œuvres produites. Soutenant l'idée qu'une entreprise de création ne vise pas uniquement une croissance commerciale, mais également un accroissement de son *potentiel de signification*, le travail s'oriente vers la compréhension des *régimes de signification* à l'œuvre dans ces organisations. Explorer cet impensé des modes de gestion dominants semble en effet un réquisit fondamental avant d'établir de nouveaux principes de management adaptés. Cette partie introductive a pour but de détailler les motivations et l'orientation générale de ce travail.

Pourquoi un nouveau livre sur le management des entreprises de création ?

L'essor des industries culturelles

Parmi les nouveaux phénomènes qui ont contribué à rapprocher le monde artistique du monde des affaires, les *industries culturelles* sont sûrement l'exemple le plus connu et commenté. Ce phénomène d'industrialisation de la culture n'est en fait pas nouveau en soi. Dès la fin des années quarante, Adorno et Horkheimer parlaient déjà d'une « industrie culturelle » (Adorno et Horkheimer 1974 (1947)). Les deux auteurs de l'Ecole de Francfort cherchaient alors à dénoncer l'impact négatif des logiques de production et de commercialisation de masse de leur époque sur la création artistique. Car certains « conglomérats culturels » existaient en réalité déjà depuis les années trente (ex : *RKO Pictures* en 1928, *20th Century Fox* en 1935...). En revanche, il est clair que, tant l'ampleur, que la variété des formes de ce phénomène, ont été bien plus contemporaines.

Jusqu'à très récemment, le terme d' industries culturelles a donc été utilisé en économie comme en management pour qualifier l'ensemble des entreprises participant à la production de « biens culturels » (Hirsch 2000). Selon les auteurs, le terme d'« industrie » se justifie par l'intense mouvement de concentration économique (ex : les majors), ainsi que par la structuration d'une véritable chaîne de valeur allant des activités d'édition (livres, presse, musique, multimédias...), aux activités de diffusion/distribution (radio, télévision...), en passant par les activités de production (films, séries et émissions télévisées...). Les termes « artistiques » ou « culturelles » demeurent en revanche plus problématiques et de nombreux auteurs ont relevé les difficultés à circonscrire ce secteur économique, toujours en évolution. La définition de Hirsch (1972) a été, à cet égard, longtemps dominante. Elle définissait les « biens culturels » comme : «*'non-material' goods directed at a public of consumers, whom they generally serve an aesthetic or expressive, rather than a clearly utilitarian function* » (Hirsch 1972, p.641).

Toutefois, l'expression d'industries culturelles a aujourd'hui cédé le pas à celle d'« industries créatives » (Flew 2002). Cette expression, à l'origine créée par le Gouvernement Blair, en 1997, cherche à saisir l'ensemble des activités qui ont leur origine dans « *la créativité, les compétences et le talent individuels et qui constituent à la fois un potentiel de richesse économique et un bassin d'emploi, au travers de la génération et de l'exploitation de la propriété intellectuelle* »[1]. La notion étendue comprend désormais : la publicité, l'architecture, le marché de l'art et des antiquités, l'artisanat d'art, le design, la haute-couture, le cinéma et la vidéo, les jeux vidéo, la musique, le spectacle vivant, la publicité, certains services et logiciels informatiques, la télévision et la radio. Ces industries sont

---

[1] Traduction libre de l'auteur ; issue du rapport de la Task Force du gouvernement Blair de 1997, sur les « industries créatives ».

aujourd'hui impactées par la croissance du numérique, des technologies web 2.0 et des nouvelles formes de conception et de consommation en ligne qui peuvent y être associées.

Le rôle des entreprises de création

Alors qu'on aurait tendance à croire que l'art véritable ne se développe que dans les lieux traditionnellement réservés à cet effet (musées, galeries, théâtres, salles de concert…), de nombreuses études tendent à montrer que la créativité du secteur culturel repose en fait sur l'activité d'une myriade de petites entreprises à vocation artistique. A cet égard, certains économistes évoquent dorénavant des structures économiques d'« oligopoles à frange », afin d'insister sur les liens étroits qui se tissent aujourd'hui entre marché de l'art et marché de la culture (voir par ex.: Herscovici 1994).

Le terme d'« oligopole » fait référence à la forte concentration du secteur culturel, ainsi qu'à l'existence des conglomérats culturels, dont nous avons déjà mentionné l'existence précédemment (D'Angelo 2002). La « frange » désigne quant à elle un ensemble d'entreprises de création, dont les formes institutionnelles peuvent être variables (*free lance*, indépendant, société…). Souvent assimilées aux « vrais » artistes, c'est-à-dire en dehors des logiques industrielles et commerciales classiques, ces entreprises de création conditionneraient l'existence du secteur culturel, en insufflant la créativité nécessaire au renouvellement des produits et services existants. En ce sens, le marché de la culture serait adossé à un marché de l'art « en latence » (Starkey, Barnatt et Tempest 2000).

L'importance de ces hybrides a de plus en plus été mise en avant par les travaux économiques et gestionnaires. Par exemple, en étudiant l'industrie du cinéma, Bilton (1999; 1999) montre que le système des *majors*, dépend en fait étroitement de petites entreprises créatives (« *small creative firms* »), dont les stratégies de croissance sont originales et nécessitent un nouveau type de management (Bilton 2006). Ce terme de « *small creative firm* » est d'ailleurs très utilisé et renvoie, en quelque sorte, aux organisations formant le centre moteur de l'innovation des industries créatives.

Mais peut-on réduire l'ensemble de ces nouvelles formes d'entrepreneuriat artistique à des « *small creative firms* » ? La notion de « créativité » rend-elle suffisamment compte des spécificités des logiques de création? En fait, si la référence à la créativité, plutôt qu'à l'art ou à la culture, était censée apporter une objectivité accrue et résoudre les problèmes de définitions rencontrés, il semble que l'élargissement de la notion pose en réalité de nombreux problèmes en termes d'action managériale sur le terrain (Roodhouse 2007). Les « industries créatives » recouvrent désormais une trop grande variété de situations organisationnelles. En particulier, les modèles managériaux existants semblent mis à l'épreuve des activités de création.

11

Le management traditionnel à l'épreuve

Le corpus gestionnaire dominant sur les questions que nous étudions, se nomme le « *arts management* » (voir Annexe 1). Ce champ de recherche est né aux États-Unis, au cours des années soixante. En règle général, les travaux de ce champ ont d'abord cherché à imposer de nouveaux impératifs économiques aux organisations artistiques et culturelles (Chong 2002), particulièrement sur des questions de marketing (Kotler 1967; Kotler et Levy 1969), avant de tenter de s'autonomiser en enrichissant les approches managériales traditionnelles (Evrard et Colbert 2000).

Reprenant en grande partie la distinction économique initiale entre marché de la culture et marché de l'art, les auteurs ont tenté de conceptualiser un modèle de management adapté aux organisations du secteur des arts. Selon ces auteurs, les entreprises de ce secteur se distinguent par une logique du produit par rapport à une logique de marché classique (voir par exemple : (Colbert, Nantel, Bilodeau et al. 1993; Evrard, Busson, Cauvin et al. 1993)). Autrement dit, les objectifs de ces organisations sont avant tout artistiques et orientés sur une recherche personnelle de (ou des) l'artiste(s), souvent à l'origine du projet d'entreprise. En ce sens, les auteurs relèvent que les œuvres produites ne sont généralement pas industrialisées, mais qu'elles s'inscrivent dans une logique « prototypique », c'est-à-dire comme des productions localisées, sans que l'existence d'un marché soit assurée. D'ailleurs, les entreprises de création ne semblent pas viser seulement un développement commercial, mais également un accroissement de leur projet artistique initial.

Cependant, force est de constater que les travaux du *arts management*, quoiqu'en évolution continue, ont principalement porté sur des formes d'organisations de la création assez traditionnelles, comme par exemple les musées, les orchestres symphoniques ou les théâtres. Or, dans ces organisations, les enjeux de gestion structurants ont, *grosso modo*, été réglés par l'histoire même de ces activités de création (ex. existence de professions reconnues, existence de dispositifs de valorisation des œuvres, techniques et méthodes de création partagées). Autrement dit, tant les phénomènes observés par les auteurs, que les questions de recherche associées, renvoient davantage à un modèle d'administration culturelle (Dewey 2004) de structures existantes, qu'à un modèle de management de la construction de nouvelles structures adaptées aux logiques contemporaines de création, où par exemple : les métiers ne sont pas toujours bien identifiés, les dispositifs de valorisation encore en émergence, les techniques et méthodes de création souvent locales et mal appréhendées par les acteurs extérieurs à ces mondes de création, etc.

En résumé, face au phénomène d'industrialisation de la culture, ainsi qu'aux nouvelles contraintes économiques pesant sur les activités artistiques (Greffe 2002), les préoccupations gestionnaires sont devenues cruciales dans ces univers. Pour autant, il manque encore une compréhension approfondie du management des entreprises de création appartenant à la « frange artistique », lieu de régénération des produits et services culturels classiques. Or certains éléments laissent penser que face aux activités de création, les approches classiques pourraient conduire à des crises sur la nature de la croissance recherchée par ces entreprises de création, sur l'organisation de l'activité marchande et du rôle du client, sur la mesure de la performance, ainsi que sur l'organisation de la fonction managériale. C'est pour tenter de répondre à de telles difficultés que nous proposons ici une approche fondée sur une analytique des *régimes de signification*.

Pourquoi une approche par les régimes de signification ?

Valeur vs. Signification

En économie, comme en management, la notion de « croissance » a beaucoup été débattue. Il n'est donc pas question ici de revenir sur l'ensemble de ces débats. Notons juste qu'il est généralement admis que la croissance d'une entreprise se mesure à la fois par des critères quantitatifs (ex : chiffre d'affaires, taille de l'entreprise, patrimoine...), traditionnellement très étudiés en management, et par des critères qualitatifs (pouvoir de négociation, réputation, image de marque,...). Longtemps ignorés dans les travaux académiques classiques, ces derniers font aujourd'hui l'objet d'une grande attention, notamment dans l'appréciation de la valeur des entreprises.

Pour autant, les objectifs de croissance demeurent problématiques dans le cas d'entreprises de création. D'une part, les objectifs d'un créateur ne sont pas nécessairement orientés vers une « maximisation » de son public. Ainsi, il arrive souvent qu'un artiste se fixe comme objectif premier de réaliser une œuvre porteuse de sens et qu'ensuite seulement se pose pour lui la question de la reconnaissance institutionnelle[2]. D'autre part, parce que les artistes cherchent avant tout à renouveler la tradition dans laquelle ils s'inscrivent, le public auquel ils s'adressent n'existe pas nécessairement. Toute tentative artistique est donc incertaine et ne sera pas nécessairement reconnue comme telle, du moins au cours de la vie de l'artiste. Ces deux éléments sont de ce fait problématiques lorsque le projet artistique se couple avec un projet commercial, pour lequel on attend généralement une rentabilité à plus court terme.

Pour avancer sur ces questions, une approche intéressante revient à s'interroger sur la notion même de « valeur » dans le cas d'une organisation artistique. En étudiant les orchestres de chambre, Sicca (2000) déclare ainsi : « *What is 'value' for an arts organization ? One problem that must be faced immediately concerns which « point of view » we are to adopt. Obviously the value of an artistic production varies greatly from the point of view of an instrumentalist, a signer, a ballet dancer or a conductor, and more widely still if we extend this to politicians, the concert-going public, sponsors, the press, and so on. Each of these subjects expresses its own concept of 'value' and no two of them will coincide* » (Sicca

---

[2] Cela ne signifie pas que l'artiste se désintéresse nécessairement de cette reconnaissance institutionnelle, mais il sait qu'il ne peut en faire son objectif premier, au risque sinon de ne produire que des œuvres conformistes.

2000, p.155). Un résultat de cette étude est de suggérer que dans le cas des organisations artistiques, la notion de « valeur » renvoie à un processus de signification, qui réalise une « concordance » entre « forme » et « contenu » : « *Adopting the terminology of Barthes (1964), we can say that in chamber music the set of behavioural traits susceptible to reciprocal harmonization is a 'signification', a process or act that unites the level of contents ('signifié'), represented by the musical score which is 'speakable', and that of expression ('signifiant'), producing as 'signe' a performance based on the identification of the individual in the whole. In other words, signification is a process of value creation because it permits communication between the text of the composer* (signifié) *and the interpretation of the performers* (signifiant) » (Sicca 2000, p.156).

Cette perspective indique ainsi une piste d'analyse originale à propos de la notion de « croissance » des entreprises de créations. Elle permet de passer d'une interrogation sur la valeur commerciale de prestations artistiques, qui existent sur un marché donné, à une caractérisation des *processus de signification*, constitutifs de ces prestations artistiques elles-mêmes, c'est-à-dire en tant qu'elles sont avant tout des « prestations signifiantes ».

Efficacité vs. Beauté

Dans le management classique, la notion d' « efficacité » est l'une des plus établies. On peut ainsi la définir comme : le « *niveau de réalisation des activités planifiées et d'obtention des résultats escomptés* »[3]. Dans les entreprises traditionnelles, elle est devenue, en elle-même, un objectif à atteindre et elle justifie l'effort de rationalisation gestionnaire. Mais un certains nombre d'auteurs critique insistent sur l'insuffisance de la notion d'efficacité et ont cherché à réintroduire le jugement esthétique. En management, ces auteurs montrent par exemple que la gestion de la performance doit s'étendre à des notions telle que la « beauté » ou l' « aura » des organisations (ex: Guillet de Monthoux 1999; Venkatesh 2001; Björkman 2002a, 2002b). L'esthétique organisationnelle a fourni un ensemble de travaux critiques visant à réintroduire les données de l'expérience sensible et les jugements de beauté (voir Annexe 2). D'ailleurs, en ce qui concerne les entreprises de création, Guillet de Monthoux (1999) affirme : « *Suivant le conseil de Joseph Beuys qui insiste sur KUNST=KAPITAL, l'art est identique au capital dans l'entreprise de demain* » (Guillet de Monthoux 1999).

D'autres auteurs suggèrent également que le management classique repose sur une théorie restrictive du « beau ». Ils cherchent alors à s'inspirer d'artistes connus, qui sont parvenus à renouveler les critères de « beauté » d'une époque, pour engager alors similairement un renouvellement des critères de performance traditionnels des entreprises. Ainsi, selon Watkins et King (2002) la notion de performance en management est ramenée à une « mesure du mesurable ». Cette situation découlerait de la persistance, en management, d'un paradigme « perspectif » de la perception, issu de la Renaissance : « *A discourse, which [...] is anchored in a mode of perception dominant from the Renaissance until the early*

---

[3] Définition selon ISO 9000

14

1900's. [...] Thus performance in organisations becomes perceived as a seamless progression of the quantitative, often financial, measures that the various prescriptions for successful performance have mandated as the accepted symbols [...] of that performance » (Watkins et King 2002, p.32). Autrement dit, de même que la théorie optique de la perspective a tenté de réduire la spatialité à l'espace « mesuré », le management classique, hérité de Taylor, tente de réduire la performance organisationnelle à la performance « mesurable ».

Il ne faut donc pas confondre espace mesuré et espace mesurable. Car si les approches managériales traditionnelles font de la performance une notion figée, une approche plus critique semble inviter à la prise en compte de nouvelles dimensions et à l'invention de nouveaux critères et dispositifs d'évaluation, comme la beauté et le jugement esthétique. Cet aspect nous paraît fondamental dans le cas des entreprises de création pour lesquelles l'esthétique est une dimension constitutive des prestations.

Marché vs. Scène

En économie, comme en management, le « marché » se définit comme un lieu de rencontre d'une « offre » avec une « demande ». Dans les univers classiques, le marketing s'est développé comme un corpus de connaissance visant à une meilleure compréhension de cette demande, afin de proposer une offre adaptée, en structurant au mieux la relation aux clients visés. Autrement dit, le marketing classique décompose un marché existant, mais peu lisible pour les managers, en autant de segments homogènes de comportements d'achat – la segmentation –, au sein desquels vont être sélectionnées les cibles – le ciblage – que l'organisation doit chercher en priorité à atteindre – le positionnement – en développant des stratégies marketing, dont l'efficacité repose sur un ajustement judicieux du « mix produit » - produit, prix, distribution, promotion.

Dans les contextes artistiques, le processus marketing précédent est problématique. Si l'on prend l'exemple de l'industrie de la musique, deux situations archétypiques peuvent ainsi s'opposer. D'un côté, si un artiste produit une œuvre au sein d'un style musical reconnu et que les variations qu'il propose ne remettent pas en question les standards de ce style, alors un marketing classique paraît pouvoir s'appliquer. En fait, il existe alors une correspondance entre le style et au moins un segment de consommateurs, dont on connaît les comportements d'achat, les lieux de fréquentation, les magazines achetés, les codes vestimentaires, les conventions... Tout autre est alors la situation d'un artiste cherchant à explorer de nouvelles pistes et à réinterroger les styles d'une époque. En effet, dans ce cas, l'artiste ne remet pas uniquement en question les modes de conception ou les standards musicaux considérés, mais également de nombreuses autres conventions. S'intéressant à ce qu'il nomme des « économies de singularités », Karpik (2007) montre d'ailleurs la nécessité de concevoir des « dispositifs de jugement » (ex. : marques, labels, guides...), lorsque la connaissance sur la qualité des biens fait défaut.

15

Sur ce type de problématiques, Pierre Guillet de Monthoux (2004) nous paraît apporter une contribution notable. A partir de nombreux cas historiques, l'auteur montre en effet, que pour certaines entreprises de création, qu'il nomme les « art firms », l'enjeu managérial réside dans la construction d'une « scène » faisant interagir plusieurs acteurs : artiste, technicien, critique, public. L'action organisationnelle vise alors à organiser, à la fois en « back stage » et en « front stage », la survenance d'une véritable expérience esthétique et à permettre d'éviter deux risques majeurs pour l'art : la banalisation et la totalisation (voir Annexe 2). Par rapport à la notion de marché du marketing, la métaphore de la scène artistique paraît permettre de dépasser la dyade offre-demande. Notre travail s'inscrit dans cette voie et cherche à comprendre comment construire et organiser les référentiels de création d'un artiste.

Comprendre la structure et la dynamique des référentiels de création

La notion de référentiel de création : espace de conception et espace de jugement

Dans ce livre nous distinguerons deux types d'espaces :

- Les *espaces de conception* des prestations de création : cette expression désigne des espaces d'*objets*, de *structures* et d'*opérations de conception*. Le terme « conception » renvoie aux raisonnements, connaissances et méthodes utilisés par les artistes pour créer. Ce terme recouvre également les dispositifs organisationnels encadrant la pratique des artistes et au sein desquels se construit leur activité (les ateliers, les studios, les salles de répétition...)

- Les *espaces de jugement* des prestations de création : cette expression désigne un espace d'*objets*, de *structures* et d'*opérations d'évaluation*. Le terme « jugement » se réfère donc à l'attribution d'une « valeur », sociale ou autre, à une « œuvre d'art ». Il renvoie également aux dispositifs d'organisation de la réception des œuvres et qui permettent leur valorisation (ex : les critiques, les musées...). A certains égards, on pourrait rapprocher cette notion de celle de « système de légitimité » développée par Laufer (2008).

Nous proposons alors d'appeler « référentiel de création » l'articulation de ces deux types d'*espaces de conception* et *de jugement* (EC/EJ) des prestations de création et nous nous intéresserons alors à la structure et à la dynamique de cette articulation. En termes de structure, notre travail reviendra à analyser les éléments déterminants de chacun des espaces, par exemple sur l'espace de conception : quels sont les objets de conception ? Quels sont les langages et dispositifs de conception associés ?... En termes de dynamique, nous dirons que la dynamique d'un référentiel de création est *référenciée* lorsque sa structure pourra être identifiée et stabilisée sur une période de temps donnée, *référenciante* autrement, c'est-à-dire lorsque sa dynamique conduit à des changements structuraux sur la

16

configuration et l'articulation des espaces EC / EJ. Avant d'appliquer cette approche au cas central de notre enquête, à savoir l'art des jardins, nous allons prendre un exemple simplifié dans le cas de la création musicale pour illustrer notre propos.

Un exemple simplifié : le cas de la création musicale

Dans *Du son au signe*, Jean-Yves Bosseur (2005) fait remarquer : « *Notre solfège répond à une conception de la musique orientée vers la fixation de certaines propriétés du son, en priorité la hauteur et la durée. Ce même solfège pourra se révéler fort imprécis lorsqu'il est question de caractéristiques telles que le timbre, l'intensité, l'espace… Lorsqu'elles sont basées sur des pratiques de tradition orale, ce qui est le cas de la plupart, d'autres civilisations mettent par contre l'accent sur des qualités laissées à l'écart par notre propre système de notation : ainsi l'écriture chinoise destinée aux instruments à cordes pincées se révèle-t-elle d'une précieuse minutie lorsqu'il s'agit de préciser le mode d'attaque et d'entretien du son (pas moins de vingt-six variétés de vibrato sont par exemple répertoriées dans certains cas pour diversifier le jeu instrumental)* » (Bosseur 2005, p.7). Autrement dit, il existe une structure des référentiels de création musicale, où certaines caractéristiques du monde sonore sont retenues sur un espace de conception donné pour faire « son musical ». Pour l'occident, une fois stabilisées les propriétés de hauteur et de durée des notes comme signifiantes, le travail de composition se ramène alors à une composition sur les hauteurs et les durées. Cette composition n'est en revanche pas gratuite et vise évidemment une signification musicale. Cette intention de signification est alors elle-même inscrite dans une histoire des œuvres et dans la pensée esthétique d'une époque sur un espace de jugement donné.

En outre, comme le suggère également Bosseur, la structure d'un tel référentiel de création musicale n'est ni stable, ni totale : « *Observer la notation musicale à travers les époques successives de l'écriture musicale permet de saisir les caractéristiques du monde sonore que les musiciens se sont efforcés de privilégier, compte tenu des mutations de la pensée esthétique. Il serait imprudent de considérer la notation qui tend à s'universaliser aujourd'hui, après plusieurs siècles de tâtonnements, comme le système de codification le mieux approprié au langage musical* ». Et plus loin : « *Création et notation musicales s'influencent en effet mutuellement et les métamorphoses de l'écriture dépendent fortement des leurs interactions et de leurs tensions. Aiguillonné par les nécessités d'une esthétique en constante évolution, le compositeur est sans cesse amené à transgresser les règles de notation existante. Les nouvelles implications qu'il contribue à mettre au jour par rapport à celle-ci lui laissent consécutivement supposer de multiples extensions à sa réflexion créatrice* » (Bosseur 2005, p.7). François Nicolas[4] va plus loin et affirme que « *la matière musicale est spécifiquement faite de lettres (lettres propres à la musique, qui se nomment « notes »), donc d'écriture, donc de solfège. Ainsi la musique a essentiellement changé avec l'invention de son*

---

[4] En revanche pour F. Nicolas, l'écriture musicale ne constitue pas un langage interne à la musique car la note, en tant que lettre musicale, structure la musique plutôt qu'elle n'y signifie ou la représente.

17

solfège, et il en a été là non pas d'une simple réorganisation technique du matériau sonore mais bien de la fondation d'un nouveau type de monde. » (Nicolas 2013, p.12)

Cet exemple illustre bien l'articulation dynamique entre des espaces de conception (modes d'écriture, systèmes de notations) et de jugement (pensée esthétique, critères de jugement) successifs au fil de l'histoire. En outre, dans le cas de la musique, l'activité de création semble jouer un rôle important dans ce processus de renouvellement. Face à un domaine sonore inépuisable, elle conduit à la régénération conjointe des signes, cherchant à capter des propriétés signifiantes du monde sonore, et des effets esthétiques recherchés. Nous reviendrons sur cette dynamique et montrerons l'intérêt d'une approche par les régimes de signification pour en faire sens en termes d'organisation des référentiels de création.

Nouvelles questions et synopsis

Dans ce livre nous aborderons de nouvelles questions à partir de la notion de référentiel de création et de la distinction entre les espaces de conception et de jugement (EC/EJ) :

-   Comprendre les régimes de signification : nous avons vu que la croissance d'une entreprise de création ne peut se réduire à une croissance commerciale et que la question de la signification y est cruciale. Ces nouveaux enjeux appellent, dès lors, une interrogation approfondie sur les *processus de signification* qui soutiennent cette construction symbolique. Comment des prestations artistiques peuvent-elles *fonctionner* en tant que telles sur un référentiel de création? Quels sont les structures et opérateurs sémiotiques en jeu ? Explorer ces questions fera l'objet de la deuxième partie de ce livre.

-   Conduire la structuration des référentiels de création : nous avons également vu que l'idée d'un marché où seraient données une offre et une demande est insuffisante dans les cas des entreprises de création. En effet, cette dyade est conditionnée par l'existence d'*espaces de conception* et *de jugement* des prestations de création qui ne sont pas toujours donnés à l'avance. Comment contribuer à la structuration du référentiel de création d'un artiste? Peut-on agir sur les espaces EC/EJ ? La troisième partie de ce livre abordera ces questions.

-   Gérer la dynamique des entreprises de création : nous avons défini que la dynamique d'un référentiel de création est *référenciée* lorsque sa structure se stabilise sur une période de temps donnée et *référenciante* lorsqu'elle conduit à des changements structuraux sur la configuration et sur l'articulation des espaces EC/EJ. Comment les caractériser et quelles en sont les conséquences en termes de management stratégique ? La compréhension de ces changements explique-t-elle les trajectoires de croissance des entreprises de création ? A partir de l'analyse de plusieurs cas, la quatrième partie du livre proposera un schéma conceptuel de la dynamique de croissance des entreprises de création.

Avant cela, la première partie de l'ouvrage relate une expérience fondatrice dans une agence de création de jardins, que nous avons fondée avec deux associés et gérée pendant plusieurs années. Nous y décrivons comment cette épreuve pratique est progressivement devenue le point de départ d'une enquête intellectuelle sur la « logique du détail signifiant » dans les activités de création.

La découverte de la logique du détail signifiant

Dans cette partie, nous présentons le cas d'Hamadryade, une agence de création de jardins personnalisés qui a été le point de départ de notre travail d'enquête. Nous montrons comment, au fil de crises successives pour organiser les activités de création, émerge un « malaise du détail » au sein de l'entreprise. Pour mieux éclairer la singularité du projet de conception du « jardinier-créateur », nous commençons par une brève généalogie des référentiels de création de jardins en occident.

Brève généalogie des référentiels de création de jardins en occident

Avant de commencer, notons qu'il n'est pas question ici de faire une histoire exhaustive ou renouvelée de l'art des jardins. Ce travail revient à l'historien et non au chercheur en gestion. Nous nous sommes au contraire appuyé sur un certain nombre de documents et de travaux historiques existants, et contenté, sûrement de manière insuffisante aux yeux des spécialistes, de dégager les lignes directrices qui se montrent éclairantes pour notre propos. A ce titre, notre étude est restreinte dans le temps et l'espace : nous débutons notre analyse à l'Antiquité, puis nous « sautons » directement vers la Renaissance et limitons le spectre de notre recherche aux jardins occidentaux. L'objectif principal est d'avancer dans la compréhension du projet de conception du « jardinier créateur » (Béjean 2014).

Du « rêve grec » au renouveau des jardins romains : émergence d'un espace de jugement

Il est clair que les pratiques de jardinage, en tant que pratiques de plantation, se perdent dans la nuit des temps. Parmi les traces les plus anciennes, les historiens disposent de documents sumériens et égyptiens qui permettent d'entrevoir l'idée fondatrice de « jardin ». Celui-ci semble alors se définir avant tout comme un *espace de plantation clos, conçu pour des raisons esthétiques et non alimentaires* (Vercelloni 1991). Pour autant, en occident, c'est une approche « horticole », alimentaire, du jardinage qui prédomine longtemps.

L'étymologie du mot français *jardin* témoigne à ce titre du poids de la tradition horticole du jardinage en occident :

- En grec : au IIIè siècle avant J.C., les Septantes traduisent le terme biblique *Gan'Ēden*, signifiant le « jardin d'Eden », par un néologisme singulier qui n'a pas le sens de « jardin » : *paradeisos*. Ce terme avait pourtant été créé au siècle précédent par Xénophon, afin de décrire les grands « jardins » orientaux observés par l'historien grec durant l'expédition des Dix Mille (Vercelloni 1991, p.4) [5].

- En latin : l'expression la plus proche du vocable français *jardin* est *hortus gardinus*. Il semble que ce soit le second terme, dont la racine indo-européenne est « ghorto » (« enclos »), qui ait donné par suite *jardin* en français, ainsi que *garden* en anglais, ou encore *Garten* en allemand [6]. Chez les Romains, ce sont d'ailleurs les *agronomes* qui manifestent les premiers un intérêt pour l'*hortus* (Baridon 1998, p. 153).

Ainsi, comme le rappelle Vercelloni (1991) : « *En grec, comme en latin, il n'existe pas de mot équivalent au mot français* jardin *; les termes grecs* kèpos *et latin* hortus *désignent un*

---

[5] D'autres historiens, comme Carroll Spillecke (citée dans Baridon (1998)), insistent sur le fait que nous ne savons en fait que très peu de choses sur les jardins grecs. Il est donc tout à fait possible qu'ils aient suscité un intérêt plus grand que ce que nous croyons.

[6] Source : www.cnrtl.fr

enclos protégeant un espace cultivé » (Vercelloni 1991, p.4.). Le « jardin » est donc exclusivement conçu (espace de conception) et valorisé (espace de jugement) sous l'angle de la production horticole. Les « critiques » du référentiel de création de jardins sont à ce titre plutôt les agronomes de l'époque, qui perfectionnent et commentent, dans des traités d'agriculture potagère, les techniques de plantations, les variétés performantes, les maladies à combattre, etc.

Comme le note Baridon (1998), sous l'influence orientale, puis grecque, un nouveau rapport au jardin, inédit en occident, émerge dans la Rome antique, et dont témoigne la création des jardins de Lucullus en 64 avant Jésus-Christ : « *Dans son grand livre,* Les Jardins romains, *Pierre Grimal, nous rappelle ce que Rome doit à la Grèce, à l'Égypte et à la civilisation de l'empire perse. [...] A Rome, la transformation des jardins fut le résultat de l'élargissement de l'Empire à toute la Méditerranée orientale. [...] Comme l'a dit Pierre Grimal :* ' le Jardin romain a donné un corps à un rêve grec'. *Mais le rêve grec était multiple et le corps romain n'a cessé de se transformer* » (Baridon 1998, p.137).

Le « rêve grec » a donc fourni des éléments constitutifs d'un nouvel espace de jugement pour les jardins romains. Intellectuels, hommes politiques, poètes et écrivains vont ainsi faire une place de première importance à l'esthétique et à la symbolique des jardins dans leurs écrits. Ce faisant, ils structurent de nouveaux champs de valeurs à exploiter pour des plantations, non plus exclusivement horticole, mais également ornementales. Au-delà des écrits, ces nouveaux critères de jugement du jardin conduisent au développement de nouvelles pratiques de jardinage et à l'invention d'un nouvel espace de conception. C'est au cœur de ce nouveau référentiel qu'émerge la figure du *topiarius* romain.

L'invention du *topiarius* romain : un nouvel espace de conception du jardin ?

Avant le IIè siècle de notre ère, tout comme nous avons vu que le concept de « jardin », au sens de « jardin d'agrément », est inconnu en occident, il n'existe pas de terme particulier pour désigner le jardinier. Le jardin, en tant qu'espace *privé*, est attaché à la *domus* ou à la *villa*. Il est donc à la charge d'un esclave – *servus*[7]. En l'occurrence, le soin de l'*hortus* (verger ou potager) relève d'abord uniquement de l'esclave *villicus*[8]. Puis, avec l'extension des surfaces, la sophistication des villas privées et impériales, et le développement des jardins d'agrément, les tâches de ces esclaves vont se différencier et se spécialiser. La division du travail de jardinage évolue ainsi selon deux dimensions horizontale et verticale. D'une part, l'*olitor* devient ainsi en charge de cultiver le potager, l'*arborator* le verger et le *vinitor* les

---

[7] Pour rappel, l'esclavage est l'une des formes de « travail » qui existent dans la Rome Antique. Les esclaves sont souvent des prisonniers de guerre, mais pas uniquement. Ils sont la *propriété* de citoyens romains libres. Jusqu'au Principat (1er siècle avant notre ère) les maîtres ont un droit de vie et de mort sur leurs esclaves. La condition de ces derniers s'améliore ensuite sous l'Empire et l'on voit apparaître des « esclaves impériaux » à des postes de l'administration d'État.

[8] Source : *Dictionnaire des Antiquités Grecques et Romaines* de Daremberg et Saglio. Beaucoup d'éléments historiques de cette section proviennent de cette source, disponible en ligne sur le site de l'Université de Toulouse Le Mirail.

vignes. L'arrosage est parfois délégué à l'*aquarius*. Cette spécialisation touche principalement les pratiques *horticoles* et concernent les esclaves que l'on nomme à l'époque *hortulani*. D'autre part, le jardin n'étant plus réduit à l'*hortus* classique, de nouvelles tâches de jardinage apparaissent. Il s'agit notamment de la conception et du suivi de l'ornementation du jardin. Les nouvelles tâches de conception du jardin vont être confiées à un nouvel acteur : le *topiarius*. Les fonctions de ce nouveau jardinier ne vont cesser de s'étendre et le terme *topiarius* remplacera finalement celui d'*hortulanus* pour prendre le sens moderne de jardinier.

L'engouement pour les jardins d'agrément conduit donc à ce que le jardin devienne un réel objet de création, dont la légitimité et la noblesse sont reconnues par les Romains. Le *topiarius* est à ce titre l'un des esclaves les plus respectés de Rome. Pour autant, un autre acteur émerge comme le spécialiste des questions générales de la construction. Il s'agit de l'*architectus*. L'apparition de commandes impériales de parcs et jardins, publiques cette fois, précipite le croisement de son histoire avec celle du *topiarius*. La relation entre le *topiarius* et l'*architectus* est alors éclairante pour comprendre l'émergence historique du paysagisme. Car, à l'inverse de l'esclave *topiarius*, l'*architectus* se libère progressivement des « techniques » et invente un langage de conception qui puise son universalité dans celle des nombres et de la mesure géométrique[9].

D'abord réduites aux compétences techniques de l'esclave en charge de la charpente ou de la « couverture » (toit) de la *domus*, les compétences de l'architecte n'ont cessé de s'étendre et de s'universaliser. Elles s'étendent ainsi progressivement aux projets de construction en général et le spectre de son intervention s'élargit à de nouveaux objets de conception, tels que les navires ou l'arsenal militaire… Son histoire croise alors celle de l'ingénieur. En outre, l'architecte, doit également être capable de gérer un projet de la commande à la remise de la réalisation finale et la distinction nette entre le technicien (*architectus*) et l'entrepreneur (*redemptor*) s'estompe. Comme le rappelle Gros (1998) : « […] [Vitruve] *souligne au début de son De architectura que le savoir* (scientia) *architectural se partage entre la* fabrica *(connaissances techniques) et la* rationacinatio *(spéculation théorique, travail intellectuel).* » Contrairement au *topiarius*, qui en tant qu'esclave ne vend donc pas ses service, la rémunération des *architecti*, leur statut ou encore leurs outils de contractualisation, sont profondément discutés dès l'époque classique. Professionnel reconnu, il devient un modèle de concepteur universel.

Or, comme beaucoup à l'époque, Vitruve considère le jardin dans une continuité de l'habitat, c'est-à-dire comme une pièce à part entière de la *domus* ou de la *villa* et son influence intellectuelle semble avoir indirectement limité la diffusion du projet de conception du *topiarius*. Par exemple, là où le *topiarius* s'efforce de ruser avec les perspectives et de laisser au promeneur le soin de repousser la frontière entre réel et

---

[9] Vitruve définit ainsi l'architecture comme une science composée de l'*ordonnance*, de la *disposition*, de l'*eurythmie*, de la *symétrie*, de la *convenance* et de la *distribution*.

imaginaire en utilisant des trompe-l'œil, Vitruve cherche à préciser les propriétés universelles d'un beau jardin, indépendamment de celui qui le regarde et dans un espace qui se veut avant tout géométrique. Comme le rappelle Baridon : « *Quoique Vitruve ne consacre pas de chapitre aux jardins, sa théorie des proportions et son système modulaire établissent un rapport direct de l'esthétique à la géométrie.* [Il condamne au passage] *l'illusion que rend possible le développement de la peinture à la fresque* » (Baridon 1998, p.170). La pensée de Vitruve condamne donc indirectement l'usage scénographique du *topiarius*, en ce qu'il ne correspond pas à une esthétique universelle produite par la mesure.

L'écriture du jardin à la Renaissance : du *plant* au *plan*

Nous ne pouvons pas conduire ici un examen approfondi sur les jardins de la Renaissance. En outre, de nombreux éléments développés précédemment sur les jardins antiques demeurent valables. Nous avons donc sélectionné quelques exemples afin d'appuyer notre propos. Ainsi nous avons choisi de faire l'étymologie du mot « plan »[10]. L'histoire de ce mot, dont l'usage se diffuse et se systématise à la Renaissance dans les multiples traditions de la conception, est selon nous éclairante pour saisir la transformation qui s'opère alors au sein de l'architecture. Au niveau de la conception de jardins, cette évolution entérine la prédominance du modèle de l'architecte sur la tradition du *topiarius* romain et introduit le « langage du plan » comme le « bon » mode de représentation des jardins artistiques.

Jusqu'à la Renaissance, deux graphies du vocable « plan » coexistent dans les traités d'architecture. Mais, bien que chacune de ces graphies renvoie, selon nous, à un rapport distinct aux objets de conception, elles deviennent alors confondues. Ce choix linguistique nous paraît révéler une évolution importante dans les pratiques de conception et la stabilisation d'une logique d' « achèvement » des objets :

- Le « plan » : le vocable *plan* est un substantif dont la racine étymologique remonte à l'adjectif latin *planus* qui désigne une surface « *plate, unie, égale* ». Le plan s'impose ensuite dans le domaine de l'architecture et de l'ingénierie pour signifier une « *surface plane idéale à laquelle on rapporte certaines directions déterminées* ». Toutefois, on le retrouve également dans le domaine des « Beaux Arts », où il qualifie tantôt une représentation *en perspective* (« *plan perspectif* »), tantôt un *agencement spatial* : (« *chacune des divisions de la scène d'un théâtre en profondeur* »). Le vocable plan se réfère donc à un langage *géométrique* qui sert à *qualifier* (adjectif *planus*) des objets dont on suppose l'existence. Lorsqu'on *représente* un objet sur un plan, si l'objet « final » n'est certes pas encore « présent », l'ensemble de ses dimensions est censé être entièrement *déterminé* par des règles de conception (angle, tracé, coupe, vue…). Autrement dit, le rapport à l'objet de conception est complètement déterminé par des « règles de saisie » des objets. L'objet se situe en ce sens dans un processus d'achèvement.

---

[10] Sources étymologiques : www.cnrtl.fr

25

- Le « plant » : le substantif *plant* est le déverbal de *planter*. Comme le vocable plan, le plant renvoie à un langage de validation de la conception. Il signifie ainsi progressivement « *assiette, implantation de ce qui est édifié sur le sol* », puis « *dessin directeur de l'implantation d'une construction, ou d'un ouvrage à réaliser* » ou encore « *ordonnance générale d'un ouvrage de l'esprit* ». Toutefois, un autre usage le distingue fondamentalement du plan. Ainsi, alors que le plan renvoie uniquement à une logique d'achèvement des objets, le plant sert également à qualifier un « *état d'attente* » et le fait de « *rester en suspens* ». Autrement dit, le plant semble renvoyer à un langage d'exploration, qui autorise de ce fait l'ajout de nouveaux attributs aux objets, voire la modification des règles de conception. En ce sens, il est plus proche de l'esquisse, que du plan classique. Dans ce cas, le rapport à l'objet ne s'établit plus uniquement selon une logique de *re*-présentation, mais selon une logique de présentation.

Le logicien contemporain Jean-Yves Girard a opéré récemment une distinction intéressante pour notre propos. Distinguant le monde du « parfait » de celui de l' « imparfait », il montre que les logiques classiques ont des difficultés à penser le rapport aux objets en dehors d'une logique de « perfection », c'est-à-dire *d'achèvement* des objets. Prenant acte de cette faiblesse, il tente depuis plusieurs années de construire une logique de l'« imperfection ». Pour lui, l' « imperfection » renvoie alors au monde du « non terminé » et de l' « inachevé » : « *Le monde parfait est un monde d'actions, que l'on accomplit, dans le sens qu'on les achève, qu'on les finit. [...] un monde d'ailleurs plutôt explicite et concret, à l'opposé du monde imparfait, plutôt implicite et abstrait* » (Girard, 2006).

L'adjectif et le verbe, le résultat et le processus, l'option retenue en architecture, au cours de la Renaissance, illustre selon nous le choix d'une logique *perfective* (le *plan*), sur une logique *imperfective* (le *plant*). Cette évolution se traduit alors par la géométrisation systématique des langages de conception. Ce dernier point ne signifie pas que l'exploration n'existe plus, mais uniquement que cette exploration est *référenciée* (existence des espaces EC/EJ) et non pas *référenciante* (construction des espaces EC/EJ). Étrangement, le seul usage conservant la graphie originelle de *plant* est celui du jardinier et qualifie dès la Renaissance un « *végétal à planter ou qui vient d'être planté* » et une « *plantation de jeunes arbres, d'arbustes* ». Qu'en est-il alors de la conception de jardins ? Subit-elle le même mouvement de rationalisation ? Le langage du plan suffit-t-il pour *écrire* des jardins en latence?

A la Renaissance, de nombreux architectes s'emparent de cette question et vont utiliser les ressources de leur science pour renouveler le référentiel artistique du jardinage. Que cela soit pour concevoir ou évaluer les « beaux jardins », le langage retenu est celui de la *géométrie* :

- Sur l'espace de conception : dans son *De re aedificatoria*, Alberti rappelle à propos de l'artiste : « *Il ne peut plus se passer de la peinture et des mathématiques qu'un poète ne peut se passer de la connaissance du décompte des pieds et des syllabes* » (cité dans: Baridon 1998). L'architecte apportera alors son regard de « géomètre » sur la création de jardins. En France, tout particulièrement, on assiste à un mouvement de géométrisation de la conception de jardin, sans précédent. Les ouvrages de Jacques Androuet du Cerceau, puis le *Théâtre des plans et jardinages* de Claude Mollet en 1652 (posthume) et bien-sûr les réalisations de Le Nôtre à Chantilly ou à Versailles, en sont des exemples les plus reconnus (Baridon 1998).

- Sur l'espace du jugement : Le traité sur les « beaux jardins » de Dezallier D'Argenville11 (1747) témoigne de cette même évolution sur l'espace du jugement. L'auteur déclare ainsi : « *Après avoir examiné la plûpart des Auteurs, qui ont écrit sur l'Agriculture et le Jardinage, il ne s'en est trouvé aucun, qui se soit étendu sur la matière qu'on se propose de traiter. [...] Ces auteurs n'ont fait qu'entamer, et pour ainsi dire, qu'effleurer cette matiére ; les Desseins même qui accompagnent leurs livres, sont d'un goût fort commun, et ne sont plus d'usage présentement* » (Dezallier D'Argenville 2003 - éd. originale 1747, p.31). La géométrie fournit alors les « bons » critères de jugement des « beaux Jardins », car elle seule permet de fonder « *la vraie méthode d'inventer et de disposer facilement tous les desseins de Jardins, selon les différentes situations de terrein.* » (op.cit., p.35)

Une lettre de Dezallier D'Argenville, rédigée le 15 avril 1756 à l'intention de la comtesse de Rochechouart, permet de résumer les éléments précédents : « *La géométrie a de tous temps produit les figures tout en lignes, cercles, carrés, ellipses et semblables aux sept notes de la musique et aux vingt-trois lettre de l'alphabet : cela compose tout ce que l'on peut faire dans chaque genre* » (cité par Sabine Cartuyvels dans Dezallier D'Argenville 2003 - éd. originale 1747, préface p.18). La géométrie, empruntée à l'architecture, est donc en ce sens la grammaire fondamentale des beaux jardins.

Le « jardin-tableau » : genèse d'un nouveau référentiel de création

Au moment même où Dezallier D'Argenville publie son traité, on assiste, en Angleterre, à l'émergence d'un nouveau référentiel de création du jardin. Popularisé sous l'expression de « jardin à l'anglaise » – principalement en opposition au « jardin à la française » –, ce nouveau rapport au jardin, s'étend de l'époque moderne à nos jours, et traduit en fait des transformations plus profondes, qui vont au delà de différences nationales[12] :

- Sur l'espace de conception : comme le note Baridon (1998) : « *Le rapport des jardins à la peinture existait déjà au siècle précédent puisque André Mollet recommandait l'emploi de perspectives peintes pour donner aux allées une longueur supplémentaire.*

---

[11] Nous sommes redevables de cette référence à l'historienne Hélène Vérin, qui a d'ailleurs elle-même commenté le texte de Dezallier D'Argenville dans : « La technologie et le parc : ingénieurs et jardiniers en France au XVIIᵉ siècle », dans Monique Mosser et Georges Teyssot (dir.), *Histoire des jardins de la Renaissance à nos jours*, Paris, Flammarion, p. 131-139.

[12] Baridon fait ainsi remarquer que l'opposition entre la rationalité du « jardin à la française » et la fantaisie du « jardin à l'anglaise » n'est en fait historiquement pas fondée.

Mais Vanbrugh rompt complètement avec cette pratique. Il ne s'agit plus du tout de creuser l'espace par le point de fuite d'un petit paysage imaginaire, mais, au contraire, de le meubler à mi-distance par un objet réel dans un paysage réel. Le regard s'affranchit du point de fuite. Il devient panoramique. Ce n'est plus la géométrie qui le guide, c'est le plaisir de la surprise et du contraste. » (Baridon 1998, p. 802) La peinture s'impose donc comme un nouveau langage de conception du jardin moderne. Les modes d'écriture du jardin, et par la même la nature des plans, s'en trouvent transformés. La couleur devient une dimension de conception privilégiée et, par exemple, Gertrude Jekyll élabore des « *colours schemes* » pour les jardins.

- Sur l'espace de jugement : à la suite de Vanbrugh, de nombreux auteurs et critiques vont valoriser la « dégéométrisation » du jardin, ainsi que la référence à la peinture. Baridon (1998) cite à ce titre : Alexander Pope, Claude-Henri Watelet, Christian Hirschfeld, Horace Walpole… C'est également à cette époque, que le terme de « paysagisme » se constitue. Le jardin paysagé va alors progressivement rouvrir l'espace des effets esthétiques à rechercher (nouveaux types d'associations, utilisation de la lumière, des couleurs…).

Autrement dit, de nouvelles dimensions de conception du jardin apparaissent et on leur associe conjointement de nouveaux espaces de valeur esthétique à explorer. Parmi les grands paysagistes, rattachés à ce style, on peut citer Kent, Humphry Repton (inventeur du terme d'architecte-paysagiste) et Gertrude Jekyll. Cependant, si l'époque moderne voit la montée d'un nouveau rapport à la création de jardins, celui-ci ne se substitue pas au référentiel précédent. Comme nous l'avons montré, durant l'antiquité, le *topiarius* romain fait face à un *architectus* dominant. Par comparaison, on peut soutenir que cette opposition s'est en quelque sorte réactivée à l'époque moderne, puis contemporaine, entre l' « architecte-paysagiste » et le « jardinier-paysagiste ».

Comme l'a déjà analysé Baridon (2003), le contraste entre Geoffrey Jellicoe (1900-1994) et Russel Page (1906-1985), deux grands créateurs de jardins contemporains, est à ce titre illustrant. Alors que, à l'instar de Gertrude Jekyll, Russel Page a d'abord étudié la peinture, puis s'est ensuite passionné pour la botanique, Geoffrey Jellicoe possède, quant à lui, une formation pointue d'architecte. Il en découle alors deux conceptions très contrastées de la création de jardins : « *Jellicoe cherche toujours à universaliser, Page à personnaliser.* [...]*Page dit et redit qu'il est d'abord jardinier* [...] *Quant à Jellicoe, il se fait du paysage une idée si haute qu'il n'hésite pas à prédire que le paysagiste sera le plus grand artiste des sociétés futures.*» (Baridon 2003, p.28-29). Autrement dit, alors que Jellicoe s'inscrit dans la tradition ancestrale de l'*architectus* antique, Page reprend, en quelque sorte, le programme de conception (oublié) du *topiarius* romain, et le prolonge. N'est-ce d'ailleurs pas significatif que ce dernier ait écrit un livre intitulé *The education of a gardener*, où il précise dès la préface: « *My understanding is that every object emanates – sends out vibrations beyond physical body which are specific to itself. These vibrations vary with the nature of the object, the materials it is made of, its colour, its textures and its form* » (Page 2007, p.5).

En France : le poids du référentiel de l'architecte

Les travaux de Françoise Dubost[13] (1983) vont nous permettre de dresser un panorama général de la situation professionnelle des paysagistes français contemporains. L'auteur montre ainsi comment l'identité professionnelle du « paysagiste » se construit durant la seconde moitié du 20è siècle. À ce titre, elle met en avant ses liens problématiques et étroits avec celle des « architectes » :

- « Planteurs » ou « planificateurs »? – Les difficultés identitaires des paysagistes : bien que l'Ordre des architectes français refuse toujours de reconnaître le titre d'« architecte-paysagiste »[14], il s'agit de la dénomination usuelle utilisée dans le monde entier. On parle ainsi de *Landscape architect* en anglais, *Landschaftsarchitekt* en allemand, *architecte-paysagiste* en Suisse, *architecte-paysagiste* en belge francophone, *architecte paysagiste* en canadien francophone. Ce titre est en outre reconnu par le *Bureau International du Travail* de Genève et par de nombreux autres organismes professionnels. En France, la profession d' « architecte paysagiste » fait partie des « professions libérales » retenues dans la loi d'établissement du 28 décembre 1988, modifiée en 2004. Elle y est définie comme la recherche et la prévision de la planification, de la conception, de l'intendance, de la conservation et de la protection de l'environnement en dehors des espaces bâtis. Pour autant, Dubost (1983) rappelle que ce titre n'est pas protégé et qu'il recouvre en fait des pratiques très hétérogènes. Aux « gens de métiers », issus des premières génération et qui se définissent avant tout comme des « *spécialistes du végétal* », comme des « planteurs », répondent ensuite les professionnels du paysage et de l'urbanisme, qui mettent l'accent sur leur rôle de concepteur, puis des artistes qui donnent « *la primauté au mode d'expression le plus abstrait, c'est-à-dire le plan* » (Dubost 1983, p.443)[15].

- Se différencier du « technicien » - L'emprunt du modèle architectural : Dubost (1983) montre que les paysagistes , tout en clamant la singularité de leur métier, ont largement emprunté le modèle de concepteur aux architectes pour s'éloigner du

---

[13] Nous sommes redevables de cette référence bibliographique à Olivier Lenay. Nous avons ensuite eu la chance de rencontrer personnellement F. Dubost lors du séminaire « Culture, Travail, Emploi », organisé par le Centre d'études de l'emploi (CEE) en partenariat avec le Laboratoire « architecture, usage, altérité » (LAULA) et le Réseau de recherche et d'information des activités et métiers de l'architecture et de l'urbanisme (RAMAU). Nous remercions à ce titre, M-C. Bureau et R. Shapiro pour leur accueil chaleureux dans ce séminaire. Certaines des informations données dans cette section sont issues de notes personnelles prises lors des exposés de ce séminaire. Elles n'engagent pour autant pas la responsabilité des auteurs cités.

[14] Voir l'édito de la lettre de la FFP (Fédération Française du Paysage) de mars 2008 à ce sujet.

[15] L'usage du *plan* comme manifestation ultime de l' « œuvre d'art » et comme *résultat* d'une « activité de conception » n'est pas anodin. À ce titre, nous avons précédemment montré comment la double étymologie de ce terme - « *du plant au plan* » - révélait, ainsi le poids du modèle architectural sur la théorie de la conception du jardin.

monde des techniques : « *Un vieux métier, une profession nouvelle : la distinction apparaît constamment dans le discours des paysagistes [...] C'est à travers [la formation] que s'est opérée* la différenciation progressive du métier de paysagiste *d'avec le métier d'horticulteur. Elle a pour objet d'assurer aux futurs professionnels « la double série de connaissances requises, celles de l'architecture et celles de l'horticulture »*, selon les termes du décret de création [de la Section Paysage de l'École d'Horticulture de Versailles créée en 1946].» (Dubost 1983, p.432-433) La figure dominante du paysagiste se construit donc progressivement sur le modèle de l'architecte et conduit à un abandon des techniques traditionnelles de création de jardin : « *pour se donner un statut socialement plus élevé que celui des horticulteurs, les paysagistes ont joué la stratégie du diplôme et rompu avec la tradition d'apprentissage sur le tas qui était celle des créateurs de jardins.* » (Dubost 1983, p. 434). Toutefois, une autre tradition co-existe.

- Le « jardinier artiste » - Un modèle sans identité professionnelle claire : jusqu'ici marginal, un autre modèle de « paysagiste » tend à devenir en vogue en France (Voir par ex.: Goutier 2003). Sans identité professionnelle clairement définie, et plutôt le fait de quelques « noms » de ce monde de l'art émergent, ce type de jardiniers redonne à la matière végétale un potentiel de création, plutôt délaissé par les approches formelles. Cette approche ne paraît de surcroît pas utiliser les mêmes méthodes de conception que les paysagistes traditionnels, et le recours au plan n'est pas systématique.

Autrement dit, malgré des réminiscences « topiaristes » contemporaines (ex.: Goutier 2003), on peut noter, à l'instar de John Dixon Hunt (2000), l'absence d'une réelle théorie de la *création de jardins*. D'ailleurs, comme le montre l'auteur, les travaux historiographiques ont eu tendance à privilégier les réalisations issues de l'architecture paysagère et non du jardinage de création. Or, selon l'auteur, l'objet « jardin », appelle une théorie plus générale de la conception architecturale, en tant que théorie de la « création de lieu » (*place-making*) (Hunt 2000). Nous allons maintenant voir que cette idée, présente chez certains créateurs contemporains (ex.: Sauzet, Berque et Ferrier 1999), est également au cœur du projet d'Hamadryade et que cela n'a pas été sans conséquence sur le management de cette agence de création.

Les jardins d'Hamadryade : des crises successives

Du projet artistique au projet commercial initial

Ancienne élève de la Princesse Greta Sturdza (Stürdza 2002; Stürdza 2005) au *Vastérival*, un grand jardin botanique de renommée internationale, situé en Normandie, Éliane place le « végétal » au cœur de ses créations. Ce *medium*, dont la spécificité est d'être « vivant » et donc de posséder une dynamique propre, invite selon elle à repenser la conception des lieux sur le mode de la co-présence. Les créations d'Éliane reposent donc sur une très forte interaction entre jardin, habitant et créateur. Dans cette perspective, le regard de l' « habitant » est mobilisé au maximum, pour que l'œuvre *fonctionne* en tant que telle. Au cours de ses projets de création, la créatrice multiplie ainsi les « visites » avec ses clients et tente de leur enseigner à regarder et vivre ses jardins. Car le regard qu'elle cherche à construire pour celui qui reçoit le jardin, n'est pas qu'un regard optique, au sens géométrique.

Ainsi, d'une part, l'intention artistique d'Éliane porte sur une multiplicité de dimensions sensorielles qui ne se limitent pas à la vue. Inspirée à certains égards par les jardins Japonais, elle intègre toujours dans ses associations de plantes, de nombreux jeux esthétiques sur les transparences, les textures, les sons, les odeurs ou encore sur les symboles des végétaux. L'optique géométrique, bien qu'utilisée lors d'effets graphiques qui interrogent les rapports d'horizontalité et de verticalité, n'est donc pas la seule dimension explorée. D'autre part, dans une tradition « topiariste », la créatrice s'écarte du modèle architectural classique et ne cherche pas à créer un lieu dont la beauté puiserait son « universalité » dans celle des nombres et de la mesure. Mais, comme d'autres architectes et jardiniers contemporains qui soulignent désormais la « topicité »[16] des lieux (Sauzet, Berque et Ferrier 1999), Éliane puise les ressources de l'émerveillement et de l'enchantement dans le continu phénoménal, local, de la matière végétale. Il en découle une pratique *plastique* de la création de « scènes » et « massifs », qui ne peut être pleinement saisie que dans un rapport de coprésence avec le jardin. Les scénographies invitent donc les « regardeurs » (Duchamp 1975) à des parcours où se rediscutent en chemin la frontière entre réel et imaginaire.

Enfin, selon Éliane, la conception d'un lieu ne se limite pas à l'agencement d'un *espace*, mais doit également intégrer le *temps*, non pas uniquement comme contrainte externe, mais comme élément constitutif de l'acte de création. Ainsi, au-delà de créations qui s'efforcent de s'inscrire dans la « durabilité » et le respect écologique de l'environnement, les jardins sont ici conçus pour se déployer et se régénérer esthétiquement au fil des « quatre saisons ». Cette temporalité du vivant, qui ne peut être réduite à la temporalité physique classique, constitue donc un paramètre de conception de la dynamique du « lieu-jardin » en lui-même et non uniquement une variable externe jouant comme contrainte. De façon analogue, l'activité commerciale, d'abord vécue comme une contrainte externe, s'est progressivement intégrée au projet artistique.

---

[16] Terme utilisé par certains jardiniers contemporains pour insister sur le caractère *local* du lieu. Voir par exemple les textes d'Augustin Berque.

Figure 1 - Exemples de créations de jardins

En 1996, Éliane décide de démarrer une activité commerciale entre entreprise individuelle avec Pierre, son conjoint collaborateur. Initialement, elle n'envisage pas de vendre des prestations de création de jardins et souhaite se concentrer sur une activité de vente de plantes : « *Au départ, je n'envisageais pas de créer des jardins 'pour les autres'. Je voulais surtout faire connaître une plus large palette de végétaux que ceux qu'on peut trouver habituellement dans la grande distribution. J'avais certes un projet de « jardin d'exposition », qui était censé m'aider à vendre mes plantes, mais il s'agissait surtout d'un projet personnel de création et de collection.* » Dans un premier temps, le projet commercial consiste donc en une activité de vente spécialisée et le jardin d'exposition, bien que relié à la pépinière, est quant à lui plutôt considéré comme un projet artistique personnel. La Figure 2, qui montre le terrain loué en 1996 pour l'entreprise individuelle, illustre ce découplage matériel et conceptuel. On peut y distinguer un espace privatif (maison individuelle et jardin d'exposition en projet) et un espace commercial dédié à la future pépinière de collection.

Figure 2 - Répartition de l'espace en 2003 : espace privé / espace commercial

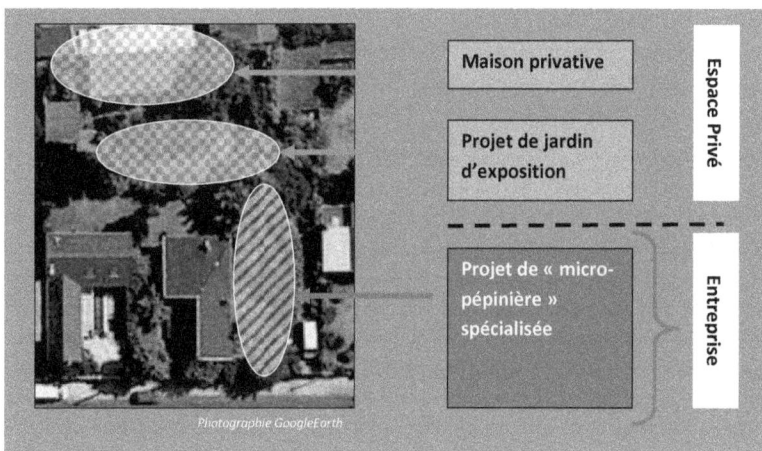

Organiser les prestations de création personnalisée

L'activité de vente ne décolle pas durant les premières années. Le lieu est isolé, il n'y a pas de fonds de commerce existant et les canaux de communication locaux ne sont pas adaptés au projet. Alors que les ressources financières commencent à manquer, un nouveau type de commandes vient modifier ce projet initial. Si cette intervention est d'abord perçue comme une prestation commerciale classique de jardinage (plantation, taille, entretien...), de nouveaux éléments transforment cette perception initiale :

-   Sur l'espace de jugement : les clients, confiants dans la qualité des prestations suggèrent à la créatrice de prendre de plus en plus d'initiatives dans le réagencement de leur jardin. Puis, grâce au « bouche-à-oreille », de nouveaux clients commandent directement des créations *personnalisées*. Ces commandes, globales, n'étaient d'abord pas prévues par Éliane, et elle hésite avant d'accepter finalement: « *Pour ce type de projets, je ne pouvais plus 'vivre sur mes acquis', il fallait que je fasse des recherches et que je me 'pose' pour trouver des idées. Je n'avais pas de solution 'toute faite' et je savais qu'il y aurait également beaucoup d'essais et d'erreurs.* »

- Sur l'espace de conception : les ressources accordées par les clients pour leurs projets de création (spatiales, financières...), sont supérieures à celles dont dispose la jardinière pour son propre projet. D'ailleurs, confiants, les premiers clients laissent une grande marge de manœuvre à la créatrice de jardins qui est libre de s'expérimenter chez eux. Ces commandes de création viennent donc étendre l'espace d'exploration artistique initialement réduit au jardin d'exposition.

En conclusion, l'arrivée de commandes de créations *personnalisées* suscite un intérêt artistique. Mais, si les représentations des espaces de conception et de jugement évoluent, leur réorganisation posent de nombreuses question : les prestations de création personnalisée sont-elles encore des prestations de « jardinage » ? Comment les vendre ? Le temps de recherche et d'expérimentation chez le client est-il « facturable » ? De quelles nouvelles ressources la créatrice a-t-elle besoin ?

Dans un premier temps, l'organisation des nouvelles prestations de création se résout par des solutions « partielles » et « bricolées » en fonction des relations qui s'établissent localement avec les clients. Mais cette situation devient financièrement délicate, car l'activité de conception consomme de plus en plus de ressources. Or, à quelques rares exceptions, les clients refusent de fournir des ressources d'exploration à Éliane, qui doit donc les trouver elle-même. Il faut dire que, longtemps, Éliane n'identifie pas son activité d'exploration à un « travail » devant être rémunéré. Certes certains clients, rares et issus du réseau de « bouche-à-oreille », considèrent que ce type de recherche constitue un réel « travail ». Ils donnent ainsi informellement « *des heures d'étude* », mais elles sont alors intégrées aux « heures de réalisation » pour un tarif égal. De plus, dans les faits, la créatrice n'ose souvent pas tenir compte de cette solution pour faire ses recherches. Reprenant en partie le discours d'autres clients, d'ailleurs bien plus nombreux, elle estime que ce n'est pas au client de payer pour son « inexpérience ». En outre, la satisfaction personnelle, tirée du travail de création, lui paraît déjà être une rétribution d'importance. Les commandes de création sont donc intégrées « par défaut » au projet commercial, au même titre que les autres prestations de jardinage déjà existantes (entretien, taille, soins, plantations,...). Localement, et suivant les clients, l'entreprise individuelle « bricole » des solutions pour financer certaines tâches de la phase amont.

Cependant, les questions de valorisation et de rémunération du travail de conception deviennent de plus en plus sensibles. Comme les chantiers se multiplient et que de nombreux commanditaires persistent à refuser de fournir les ressources de l'exploration, pourtant nécessaires à la réalisation du projet, la créatrice de jardins doit elle-même s'organiser pour trouver ces ressources. Cette situation est délicate, alors même que la santé financière de l'entreprise n'est pas assurée. L'abandon de ces solutions bricolées va alors passer par l'identification d'un « travail d'étude ». En effet, avec le développement de l'activité de création de jardin, la phase amont des projets révèlent des régularités : prise de rendez-vous commercial, relevés techniques, dessin, rendez-vous d'étude, etc. Éliane s'aperçoit ainsi que cette phase nécessite ce qu'elle appelle à l'époque une « étude ». L'identification de cette activité de conception modifie alors la représentation de la créatrice, qui se fondait initialement sur la distinction entre une exploration artistique personnelle et une prestation technique marchande. Cette modification conduit à ce que l' « étude », soit présentée comme un réel travail, dont la rémunération ne peut plus être réglée par des « bricolages » locaux.

Cependant les clients persistent à ne pas reconnaître le travail de création en tant qu' « étude » et s'opposent au fait de payer pour un « devis » censé être « gratuit » selon eux. Un projet de société est alors évoqué comme une réponse à ces limites et comme un moyen de se professionnaliser. Éliane déclare à ce titre : « *Il y a toujours une tension entre l'artiste et l'artisan. Lorsqu'on se définit comme un 'artiste' dans mon métier, on n'est pas pris au sérieux. C'est ce qui fait qu'on ne se sent pas bien...Ce n'est pas reconnu 'professionnellement' parlant. Alors pour faire sérieux, on cherche des mots, des formules, des arguments... On les trouve souvent dans la technique et on essaie d'être bons ; on essaie d'assurer. On se présente plutôt comme un bon 'artisan', que comme un 'artiste' au sens classique.* » Le projet de création d'entreprise pose alors la question de la délégation de l'activité managériale. En effet, déjà aux prises avec des problèmes « administratifs » à régler, la créatrice ne se sent pas capable de gérer seule une société. Cherchant à se dégager d'une charge de travail qui ne cesse d'augmenter pour pouvoir se concentrer sur son « vrai métier », elle décide de changer de fonctionnement et de collaborer avec un gestionnaire.

L'émergence de la question du management

Le choix de la délégation managériale n'est pas sans difficultés. Il impose de parler du projet, de s'en saisir et de l'évaluer collectivement, autant d'opérations qui nécessitent un langage commun de l'action et de la valeur. Lors de la création, puis au cours des premières années suivant la création d'Hamadryade, plusieurs tentatives échouent pour organiser une fonction managériale en accord avec le projet artistique. Ces échecs successifs fragilisent la société, tant d'un point de vue collectif, que financier. C'est également à cette époque que nous débutons notre collaboration avec Éliane. En effet, entre 2001 et 2002, la créatrice avait commencé les démarches de création d'entreprise. Avec son conjoint et collaborateur dans l'entreprise individuelle, elle souhaite s'associer à un troisième associé. Il s'agit d'un ami de longue date qui a déjà une expérience d'entrepreneur. Il est fondateur et gérant d'une entreprise dans les technologies de l'image (« *motion capture* ») et tout semble donc encourager la collaboration. Pourtant, alors que le *business plan* de la nouvelle société est réalisé et que les formalités de création sont prêtes à être signées, Éliane nous demande d'assister à une réunion importante. Elle souhaite que nous lui donnions notre avis sur le projet de collaboration. Lors de cette réunion, nous constatons des divergences d'objectifs entre les collaborateurs. Alors que les jardiniers mettent plutôt en avant des objectifs artistiques, le nouvel associé table sur une croissance commerciale rapide, similaire à celles des « start-up » high-tech de l'époque. Les désaccords ne se réglant pas, ce projet de collaboration est abandonné.

En fait, si Éliane est consciente que le changement de structure modifiera sa manière de travailler, elle ne veut pas que cette modification se fasse au détriment du projet initial. Sa manière de l'exprimer repose avant tout sur l'engagement et le partage de valeurs fortes. A l'époque, elle nous déclare : « *Je ne veux pas créer une société pour créer une société. Il ne s'agit pas uniquement de faire un 'business plan' et de gagner du fric : il y a un projet derrière ! Cela fait six ans que je travaille pour ça. On a fait beaucoup de sacrifices avec Pierre [son conjoint collaborateur], je ne vais pas tout lâcher d'un coup. Il faut trouver de nouvelles solutions... ».* Encore étudiant en École de Commerce, nous sommes séduit par l'idée de montrer que l'on peut « entreprendre autrement » et nous décidons d'accompagner ce projet. Après de multiples recherches sur la bonne structure, la découverte fortuite du statut SCOP[17] apparaît comme « le » modèle idéal de société.

A l'époque, les valeurs coopératives rentrent en résonance avec le projet. La créatrice de jardins déclare ainsi : « *C'est une formule qui officialise un fonctionnement qui existe déjà dans l'entreprise individuelle. La SCOP permet de faire vivre un esprit de partage et de mener une aventure collective commune. Elle permet de travailler avec des gens qui se sentent concernés et de leur donner les moyens concrets de s'impliquer.* » Au-delà d'un effet fédérateur considérable, la découverte de ce statut vient clore notre intervention dans le projet[18]. La SCOP est officiellement créée en février 2003 et Éliane se retrouve seule, face à la gestion de sa nouvelle structure. Elle est assez confiante car tout a été prévu lors de la phase de création et se persuade, qu'après tout, son travail ne devrait pas changer tant que cela et qu'elle connaît son activité.

En réalité, dès le mois d'avril, la créatrice de jardins ne parvient plus à organiser le travail quotidien, et encore moins à gérer en parallèle ce qu'elle appelle l' « administratif ». L'activité s'en ressent, les chantiers prennent du retard, le travail de prospection de nouveaux clients est quasiment nul, notamment pour ne pas augmenter encore davantage la charge de travail. La trésorerie de la SCOP est directement touchée et, pour la première fois depuis qu'elle est à son compte, Éliane sent qu'elle ne pourra pas faire face à certaines

---

[17] Société Coopérative de Production (SCOP). Pour l'anecdote, nous devons la découverte de ce statut à notre oncle (ESCP 58), très impliqué dans le mouvement coopératif.
[18] Comme notre intervention était initialement entendue comme un « accompagnement à la création », elle ne devait pas se poursuivre une fois l'entreprise fondée. Dès 2002, nous avions d'ailleurs pris d'autres engagements, si bien qu'à l'issue des neufs mois de genèse du projet, nous nous sommes absenté pour une période de six mois à l'étranger.

échéances. C'est pour elle un signe de « crise grave ». C'est à cette époque qu'entre en scène un nouvel acteur : Solène[19]. Celle-ci suit le projet de près depuis le début et vient juste de quitter un poste de « Directrice des opérations France » dans un groupe agroalimentaire mondial. Spécialiste de la gestion de production, expérimentée et professionnellement disponible, elle est très attirée par le projet et souhaite venir en aide à la SCOP.

L'arrivée de Solène est vécue comme un véritable élément salvateur. Outre son expérience significative de direction, elle a fait des études de lettres et se passionne pour le marché de l'art. La nouvelle associée est a donc *a priori* un profil parfait pour gérer l'entreprise. Dès son arrivée, elle organise une « réunion de crise »[20] pour analyser la situation et trouver des solutions à court terme. L'analyse, rapportée dans un document interne, est claire : « *La SCOP a beaucoup de potentiel et le 'concept' est excellent. Mais la structure a de nombreux problèmes d'organisation qui nuisent à son développement : les processus de décision ne sont pas clairs, il manque des outils de coordination, tant sur le terrain, que dans la gestion quotidienne de l'entreprise, il faut recruter pour atteindre une taille critique...* » Un nouveau diagnostic managérial est donc établi : « *Il faut restructurer la société 'en douceur'. Ce n'est pas le travail d'Éliane de s'occuper de cela. Elle a déjà beaucoup à faire pour développer le projet artistique. Il faut quelqu'un qui décide en dernier recours et qui tienne compte des enjeux économiques* ». L'ensemble des membres de la SCOP s'accorde sur ce diagnostic et il est collectivement décidé que Solène prendra en charge ce poste de direction.

Pour autant, les esprits sont bientôt très tendus, notamment au sein du binôme dirigeant de l'entreprise. En juillet 2003, Éliane sollicite de nouveau notre intervention : « *Cela ne va pas du tout. Je ne suis plus à ma place. Je n'ai pas créé une société pour travailler comme dans une* administration*! [Solène] veut 'jouer à la marchande' et piloter l'entreprise depuis son bureau, mais ça n'est pas possible !... Elle ne cesse de parler des 'prévisionnels'... Personnellement, je n'en peux plus de ces 'prévisionnels' et des objectifs qui ne sont pas atteints. Je ne sais même pas comment elle a calculé ces prévisions, car elle n'a aucune idée de ce que nous faisons ! Je lui ai proposé de venir observer le travail sur le terrain, mais elle a refusé et dit que cela n'est pas utile. Elle est complètement déconnectée de l'activité. Il faut revoir l''analyse', cela ne correspond pas du tout au projet initial. C'est urgent, car je ne pourrai pas continuer comme ça* ». La créatrice de jardins ne supporte donc plus ni la place, ni la nature de l'intervention de Solène, qu'elle vit, à la fois comme une intrusion et un obstacle, au développement de son activité de création.

Cette situation s'envenime et une nouvelle « réunion de crise » est organisée à laquelle nous sommes également conviés. Il y est question du « diagnostic managérial » de Solène, qui, peu de temps auparavant a déclaré : « *La situation est très inquiétante. Le capital social s'est volatilisé ainsi que l'argent du PCE[21]. Si la situation ne s'améliore pas d'ici décembre, je*

---

[19] Le nom d'origine a été modifié pour l'écriture de ce livre.
[20] A la demande d'Éliane, qui insiste pour que nous continuions à participer au projet, sous une forme ou une autre, nous revenons de l'étranger spécialement pour assister à cette réunion.
[21] PCE : Prêt à la Création d'Entreprise

crois qu'il sera temps de déposer le bilan. Sinon, 'nous allons droit dans le mur'». Cette réunion est très éprouvante et nous revenons sur de nombreux désaccords, touchant à l'administration de l'entreprise : politique de prix, sélection des clients, recrutement, prévisionnels... Solène n'accepte pas cette remise en question et décide de démissionner de la société. Ce sera la fin de son intervention dans la structure.

Structurer le référentiel de création ?

Suite à la crise précédente, Éliane nous demande de reprendre la « direction administrative » de l'entreprise. Conscient que le collectif est en crise, nous cherchons tout de suite à rétablir la confiance, minutieusement construite lors de la phase de genèse du projet. En outre, percevant que l'activité de conception artistique est en déroute, nous allons tenter de reconstruire le référentiel de création de l'artiste. D'une part, parallèlement à notre activité d'administrateur, nous demandons à participer aux chantiers de réalisation en tant que jardinier. Cet engagement nous confère immédiatement une légitimité auprès de l'équipe et notamment de la créatrice, qui a de nouveau le sentiment que son activité est comprise. Nous insistons par ailleurs sur le fait que nous formons un binôme dirigeant au service du projet artistique initial. Tout en conservant certains outils mis en place par Solène, nous décidons alors de relâcher la prescription managériale et de mettre en place un management participatif. Cette évolution conduit à une représentation mieux partagée de l'activité et apaise immédiatement les tensions.

D'autre part, nous organisons plusieurs réunions avec Éliane et Pierre, son conjoint collaborateur, sur la stratégie de l'entreprise. La reconnaissance du travail de création est l'un des sujets les plus débattus, car, depuis la création de l'entreprise, aucune étude n'a encore été *vendue* aux clients, qui persistent à ne pas vouloir payer pour des « devis gratuits ». Les conclusions de l'analyse stratégique, nous conduisent à défendre un repositionnement important. Il ressort que la stratégie de Solène, plutôt orientée vers le volume, est une erreur, car elle ne permet pas de mettre en valeur la réelle *valeur ajoutée* de l'entreprise. Il est décidé d'opter pour une stratégie de différenciation « vers le haut » et nous identifions « la création artistique » comme une « ressource unique ».

Or, précisément, il apparaît du diagnostic stratégique que l'activité de conception est en grave manque de ressources : les concepteurs effectuent souvent leurs heures en sus du travail de terrain quotidien, ils n'ont pas de lieu dédié pour travailler, ils n'ont pas d'outils d'aide à la conception... La créatrice reconnaît d'ailleurs qu'elle n'est pas toujours « efficace », lors des travaux d'études, et exprime également « *un besoin de temps pour trouver [ses] marques et mettre en place les bonnes méthodes* ». Afin de faciliter le travail des concepteurs et les réassurer, nous suggérons de leur accorder de nouvelles ressources et de leur laisser une « période d'apprentissage ». Les ressources financières de l'entreprise étant limitées, nous suggérons de financer cette restructuration, d'un côté en réduisant les frais généraux et de l'autre, en retardant l'achèvement du jardin d'exposition, ainsi que l'ouverture de la pépinière[22].

Mais le compromis précédent s'avère en fait très fragile. Éliane estime en effet que le jardin d'exposition et la pépinière sont *indispensables* à son activité, et qu'on ne peut retarder leur achèvement éternellement. En outre, les ressources que nous avons débloquées pour l'activité de conception ne semblent pas la convaincre et elle nous précise à plusieurs reprises : « *Nous ne sommes pas un 'bureau d'étude'* ». Ce décalage révèle alors des incompréhensions sur le référentiel de création à construire:

- Sur l'espace de conception - le « bureau qui n'existait pas » : alors que nous identifions le lieu du travail de création à un « bureau d'étude » qu'il est nécessaire de « professionnaliser », Éliane continue de refuser cette appellation. D'ailleurs à notre grande surprise, nous découvrons qu'elle ne passe en fait qu'un temps très réduit dans son « bureau ». Occupée à la pépinière avec des clients, sur le terrain en train de planter des végétaux avec les jardiniers, ou encore au travail dans son jardin d'exposition, elle nous semble être partout, sauf dans son bureau, là où nous attendions pourtant qu'elle passe plus de temps.

- Sur l'espace de jugement - la « main invisible de l'artiste » : malgré les nouveaux investissements en communication et les ressources accordées aux concepteurs pour professionnaliser les rendus du travail de création, les ventes d'études ne décollent toujours pas. D'un côté, le modèle du « devis gratuit » continue souvent d'écraser celui de l'étude, d'un autre, les « études » ne satisfont pas les clients qui trouvent souvent les plans trop « incomplets et inachevés » pour être payés en tant que tels.

Cette situation nous paraît intenable pour la société, car notre stratégie repose sur la valorisation d'un travail de création, dont l'existence paraît dorénavant faire question. Or, depuis le début du projet d'entreprise, il semble bien que plusieurs points de tension se concentrent autour de l'organisation des activités de création. La section suivante détaille certains de ces points de tension.

Organiser les activités de création : le malaise du détail

Les plantations : les limites d'une approche par la gestion de production

Pour rappel, Solène est une experte en gestion de production. Dès son arrivée dans l'entreprise, elle décide donc de restructurer l'activité productive de l'entreprise, qui n'est pas assez efficiente, ni efficace selon elle. Elle propose alors d'introduire des outils issus du management des opérations. La « feuille de route » est un exemple illustratif de ce

---

[22] Nous revenons de ce fait sur la question du *niveau du stock* et encourageons à le réduire.

mouvement de rationalisation. Ce document, emmené sur les chantiers, doit être rempli quotidiennement par les jardiniers et il est censé aider à l'organisation de la journée de travail. Dans un premier temps, il est salué par tous, car il permet de diminuer les coûts de coordination et de suivre les avancées des chantiers de réalisation. Mais, comme le document est également utilisé par Solène pour la facturation et l'analyse des coûts de production, il révèle que l'entreprise travaille souvent à perte. Cette analyse conduit donc Solène à rationaliser le temps de travail, à favoriser les activités rentables.

Cette perspective se heurte alors frontalement au discours d'Éliane, pour qui les plantations ne sont pas simplement des « opérations », mais également des « mise-en-scènes » de végétaux. Elle souligne de ce fait l'importance des « détails » et des « finitions » qui portent sur de multiples dimensions et prennent nécessairement du temps. Selon elle, l'activité de plantation est en grande partie imprévisible et la qualité de cette prestation repose précisément sur une perception active, en situation, qui ne peut être à ce point planifiée et standardisée. Le discours d'efficacité et de rentabilité de Solène s'oppose donc à celui de la créatrice qui refuse de réduire la réalisation d'un jardin à la séquence d'« opérations » proposée par Solène. Cette situation pose un grave problème de gestion car, l'entreprise semble bien, à cette époque, absorber davantage de ressources qu'elle n'en crée. Trois exemples illustrent bien cette tension autour de la gestion des opérations sur le terrain.

Le premier exemple renvoie à la gestion des stocks, qui est un point central de toute gestion de production. Initialement prévu pour devenir une pépinière de collection spécialisée, l'espace réservé au stockage des végétaux est de plus en plus important sur le site de l'entreprise. Éliane justifie cette gestion du stock par le fait que « *la production et la multiplication de semis permettront de faire des économies sur l'achat de plantes et même, à terme, de vendre des plantes avec des marges intéressantes.* » Mais il devient rapidement clair que les économies de production réalisées seront très faibles, voire illusoires lorsqu'on prend en compte l'ensemble des coûts impliqués dans cette activité (entretien, eau, engrais,...). En outre, malgré un temps important passé à organiser l'espace de vente[23], celui-ci n'a toujours pas ouvert ses portes officiellement. La pépinière sert donc avant tout de stock à l'activité de réalisation de jardins.

Or la gestion du stock inquiète Solène depuis son arrivée dans l'entreprise. Elle y voit l'une des raisons majeures des difficultés financières de l'entreprise, notamment de trésorerie, et cherche d'abord à obtenir des compromis avec Éliane sur un « *niveau du stock raisonnable à ne pas dépasser* ». Devant l'incapacité à tenir ce niveau, la situation vire au conflit. Solène estime que le « besoin en fonds de roulement » explose ; elle souhaite réduire les *coûts* et les *risques* de stockage : « *Éliane continue d'acheter des végétaux de toute sorte. Je sais que c'est important pour elle, mais cela devient complètement irrationnel. Cela pose des problèmes de* coûts *: nous ne pouvons pas nous permettre de financer un tel niveau de stock.*

---

[23] Rechercher des plantes, classer les existantes, construire des serres, préparer des fiches conseils, des prix...

En outre, il y a également les risques de déperdition. Les plantes sont exposées en plein air et il y a les risques de gel et d'intempéries. On a déjà perdu des plantes cet été par faute d'arrosage et de canicule. Tout cela découle de son projet de pépinière. J'ai le sentiment qu'elle veut 'sa petite collection' pour elle, mais ce projet ne concerne pas l'entreprise ». Solène estime donc que le stock relève de son autorité administrative et qu'il est impossible de le gérer comme une collection personnelle non rentable.

A l'opposé, Éliane déclare que ce stock n'est pas qu'un « *stock de marchandises* », mais qu'il s'agit d'un « *outil de travail indispensable à [son] travail de création.* » Pourtant, là aussi Solène estime qu'il faut rationaliser les flux de marchandises : « *Il serait préférable de ne commander les plantes qu'une fois le travail d'étude achevé et uniquement celles réellement nécessaires au projet. On devrait d'ailleurs les faire livrer directement sur place, chez le client. Là, on stocke inutilement des végétaux dont il faut s'occuper et qui coûtent du temps et de l'argent, alors même qu'on ne sait pas s'ils seront réellement plantés chez des clients à court terme.* » Cette situation n'évoluera pas jusqu'au départ de Solène et les conflits retarderons l'ouverture du lieu au public jusqu'à notre intervention.

Le deuxième exemple concerne le recrutement des jardiniers opérationnels et soulève la question des compétences et des méthodes de travail. Pour les réalisations de jardin, la créatrice a longtemps fait intervenir des proches. Ces salariés en contrat à durée déterminée, sont quasiment tous issus du monde du spectacle vivant. Techniciens ou artistes, ils n'ont pas de formation spécifique en jardinage, mais elle les sollicite pour leurs doubles compétences techniques et artistiques. Elle préfère les former elle-même au jardinage, puis les superviser directement sur le terrain, qu'avoir recours à des « ouvriers du paysage » qui ne reconnaissent souvent pas ses méthodes. Cependant, ce type de formation prend du temps, la coordination par supervision directe ne permet pas de déléguer et l'intermittence des emplois pose des problèmes pour assurer la continuité des chantiers.

Solène estime que cette situation n'est pas tenable : « *Il nous faut 'des bras'. L'équipe n'est pas assez stable et robuste. Il faut prendre des salariés du métier. On ne peut plus continuer à recruter des jardiniers qui ne sont pas qualifiés et qu'il faut sans cesse former. On perd beaucoup de temps sur le terrain et les équipes ne sont pas assez efficaces.* » Cherchant à atteindre une taille critique pour amortir les charges fixes de l'entreprise, elle décide de réaliser des fiches de postes pour standardiser les qualifications nécessaires, recruter de nouveaux jardiniers et former des équipes performantes sur le terrain. Mais le premier recrutement est un échec cinglant.

Habitué aux méthodes de travail des espaces verts classiques, le nouvel employé critique ouvertement les choix de la créatrice de jardins. Selon lui, il faut acheter de nouveaux outils et des machines plus performantes pour gagner du temps sur le terrain. Son discours est alors repris en interne par les membres de la SCOP, dont Solène. Éliane se sent prise au piège et cède un temps à la pression, mais lors d'une réunion de travail Pierre s'oppose à cette situation : « *Cette situation est inacceptable. Moi qui suis musicien je n'ai jamais vu ça !*

Lorsqu'un compositeur propose une œuvre à des interprètes, soit l'œuvre leur plaît et ils se mettent à son service, soit elle ne leur plaît pas et ils n'y participent pas ! C'est pourtant simple... Pour nous c'est la même chose : Éliane, c'est la compositeur, elle a un projet, ce n'est pas aux jardiniers de donner leur avis sur ce projet. C'est le monde à l'envers !... » Cette opposition se durcit et affecte sérieusement le collectif. Si le départ du nouveau salarié apaise un temps les conflits, l'accalmie n'est que passagère et les tensions s'amplifient.

Le dernier exemple concerne la gestion de la qualité des prestations, un autre point central du management de la production. Dans un contexte de difficultés financières, l'opposition sur les questions d'efficacité et de qualité des prestations atteint un tel niveau que l'activité de production se paralyse. Alors que les jardiniers se plaignent du « *manque de précision des tâches à accomplir* », Éliane ne veut plus déléguer les plantations à des salariés qui ne respectent plus ses critères propres de qualité et qui « *ne sont pas attentifs aux détails qui font la différence* ». Ainsi, de son côté, Éliane exprime son mécontentement face à des jardiniers qui, selon elle, ne sont pas « *attentifs aux détails* » lors des réalisations : « *Ils [les jardiniers] ne sont pas autonomes. Je ne peux rien leur déléguer, car ils n'ouvrent pas les yeux quand ils sont sur le terrain. Dans un jardin, il faut être attentif au moindre détail: tout compte !* » En fait, il est évident qu'Éliane ne peut prescrire en détail toutes les tâches à accomplir. D'ailleurs, tout le monde s'accorde sur le fait que la formation, initiale ou interne, doit normalement permettre de coordonner le travail sur les chantiers de réalisation.

Pour autant, certaines modifications, qu'Éliane appelle souvent les « finitions »[24], semblent appartenir à une classe de détails singulière et constitutive, selon elle, de la qualité des prestations. Ces variations significatives, qui ne paraissent justement pas être que des détails aux yeux d'Éliane, impliquent souvent des modifications plus importantes que prévues et sont généralement mal acceptées par les jardiniers. Elles ne correspondent en effet pas nécessairement à des impératifs techniques et, de ce fait, ne comprenant pas la signification de ces variations, les jardiniers reprochent de leur côté à Éliane d'être à la fois « imprécise » et « perfectionniste » : « *Dans une entreprise* normale*, on planifie clairement les tâches à accomplir. Chacun sait ce qu'il doit faire et il peut ainsi bien le faire. Nous, on est toujours obligés de défaire ce que l'on a fait. C'est très décourageant* ». Ces désaccords nécessitent de multiplier les réunions collectives pour recadrer les opérationnels et mettent à mal l'organisation de l'activité productive, nuisant de ce fait à la qualité des prestations.

Les études : les limites d'une approche par la gestion de projet

Au niveau de la gestion des projets d'étude, l'action managériale se résume longtemps à un « laisser-faire », parfois embarrassé, mais toujours fondé sur l'hypothèse que les concepteurs sauront se coordonner seuls par ajustement mutuel. Un cas d'échec particulièrement coûteux et inattendu remet en question cette hypothèse. Courant 2004, un

---

[24] Le terme de « finitions » est d'ailleurs trompeur, car ces modifications ne surviennent pas nécessairement à la fin du chantier, comme le laisserait supposer leur appellation, mais concernent des ajustements singuliers pouvant avoir lieu tout au long du processus de plantation.

important projet de création est proposé à l'entreprise par un architecte partenaire. Il s'agit d'aménager un « loft » pour un client lui-même architecte. Le projet comprend l'aménagement d'un jardin sur terrasse et un aménagement intérieur. Les conditions du projet paraissent idéales. D'une part, l'architecte ayant déjà vendu l'étude à son client, l'entreprise Hamadryade dispose d'un budget officiel de conception. D'autre part, selon Éliane, le projet va être particulièrement développé et intéressant, et il peut largement occuper plusieurs concepteurs. Selon elle, c'est donc l'occasion rêvée pour intégrer un nouveau concepteur dans l'équipe d'étude. C'est la première fois qu'Éliane et Pierre travaillent avec une autre personne sur un projet d'étude. La question de l'organisation de ce travail de conception en équipe étendue se pose alors pour Éliane et Pierre. Ces derniers prennent conscience que leur mode de fonctionnement a reposé jusqu'ici sur un ajustement mutuel très informel et largement fondé sur une expérience commune de près de 10 ans.

Comment alors intégrer concrètement un nouveau concepteur ? La question est d'autant plus sensible qu'Éliane et Pierre ne peuvent se permettre de rendre un travail de moindre qualité. Si la mutualisation des recherches (végétaux, matériaux, structures décoratives...) ne semble pas poser vraiment problème, les choix artistiques et les « *détails qui font la différence* » paraissent en revanche très délicats à gérer pour Éliane. Ne sachant répondre à ces deux problèmes, les trois concepteurs décident d'effectuer *chacun* un projet différent. Au total, chacun des concepteurs travaille près d'une semaine à temps plein sur l'étude. Les trois projets sont ensuite présentés au client, qui opte, au final, pour le projet d'Éliane. La nouvelle conceptrice est déçue et comme elle n'a pu assister à la réunion de restitution, elle estime que son projet « *n'a pas été retenu car il a été mal présenté* ». En outre, le client, qui a le projet entre les mains, refuse de payer pour le travail d'étude. Estimant que le projet, dans son ensemble, est finalement trop cher, il ne veut pas payer pour une étude qui ne sera pas réalisée. Autrement dit, le projet d'étude, tout en absorbant des ressources considérables pour la petite entreprise, ne se solde par aucune vente. Cette expérience, éprouvante en interne, suggère que les concepteurs ne savent pas s'organiser spontanément. Qui plus est, les difficultés de coordination s'enveniment avec la nouvelle conceptrice qui décide de quitter l'entreprise.

Face à ces difficultés, il est décidé de réorganiser ce qui est perçu à l'époque comme le « bureau d'études » de l'entreprise et de formaliser les séquences des projets de création. Cette formalisation s'appuie sur une logique de gestion de projet assez classique. Elle vise à qualifier les « étapes » et les « jalons » du processus d'étude, ainsi que les « livrables » associés afin de maîtriser le triptyque « qualité-coûts-délais » des projets. Comme le montre le Tableau 1, six étapes sont identifiées au sein de l'entreprise : la rencontre commerciale et le recueil des souhaits du client (E1), l'analyse de l'existant (E2), la phase de création « artistique » proprement dite (E3), la présentation des idées et la validation des axes de conception par le client (E4), puis, en cas d'accord contractuel, la conception détaillée du projet (sélection finale des végétaux, matériaux...) (E5), et la présentation d'un devis de réalisation lors de la remise de l'étude finale (E6). Cette formalisation ouvre des axes de

43

progrès. Il ressort, par exemple, que la deuxième étape (E2) peut être restructurée. Consistant en une « analyse de l'existant », elle inclut surtout des tâches opérationnelles (préparation et installation du matériel d'analyse, relevés,…) et des tâches d'analyse (bilan phytosanitaire, analyse du sol…). Or bien que cette étape paraisse plutôt technique et routinisée, elle mobilise en fait l'équipe de conception, dont les heures pourraient être mieux valorisées au bureau d'étude. D'ailleurs, l'étape E2 fait partie de la « pré-étude » et n'est à ce titre pas vendue au client, si bien que la charge de cette étape incombe entièrement à l'entreprise. Cette étape pourrait donc être standardisée, puis déléguée à des opérationnels, préalablement formés, afin de libérer les concepteurs de tâches purement techniques et à faible valeur ajoutée. De même, la troisième étape (E3) semble mériter une rationalisation des méthodes et des livrables. Il apparaît qu'Éliane explore plusieurs variantes du projet de jardin à partir de « documents de base » établis en amont. Avec Pierre, elle effectue par exemple des recherches de matériaux dans l'optique d'enrichir ses propres recherches botaniques. Cette étape d'exploration semble donc nécessiter un espace de liberté et une absence de cadres trop prescriptifs. Lors d'entretiens avec les deux concepteurs, chacun d'eux insiste sur la nécessité de laisser ce « *temps de génération et de maturation aux idées.* »

Au niveau des méthodes de conception, plusieurs faiblesses sont relevées. D'une part, les documents de travail (croquis, plans, devis…) demeurent à géométrie variable[25] et certains de ces documents sont, tantôt remis aux clients, tantôt uniquement utilisés en interne, sans qu'aucune procédure ne soit clairement définie. De même, les transformations par rapport à l'existant ne sont pas toujours assez visibles sur les rendus clients. D'autre part, les concepteurs semblent avoir du mal à capitaliser sur les différents projets et de nombreuses recherches sont redondantes avec des explorations précédentes, particulièrement en ce qui concerne le chiffrage des projets et la rédaction des devis, allongeant ainsi les délais des études. Enfin, l'étape cinq (E5) paraît être une simple étape de « mise au propre » des idées retenues avec le client lors de l'étape E4. A ce titre, cette étape semble donc pouvoir être déléguée à d'autres concepteurs afin de libérer du temps à Éliane et de lui de permettre de se concentrer sur les phases amont de création, notamment pour les étapes E1 et E3, où sa présence apparaît être absolument nécessaire. De son côté, l'étape E6 correspond à une étape de validation avec le client. La « Pépinière » apparaît alors comme un outil fort utile pour valider définitivement avec le client les végétaux présélectionnés par Éliane lors de l'étape E3. D'un point de vue commercial, cet aspect semble alors peu valorisé dans la présentation des projets d'étude, tant en interne qu'en externe. La mise à disposition d'un « catalogue vivant » pour effectuer la sélection finale des végétaux devient alors perçu comme un atout pour la gestion des projets d'étude.

---

[25] Ces plans peuvent comprendre des indications à propos des contraintes techniques (sol, expositions vents et soleil, hauteur des murs, climat, densité de plantation…), une présélection des végétaux (par masse, sans détail), les contraintes esthétiques (ambiances, liens avec la maison,…), ou encore des idées directrices de conception (associations de volumes, couleurs, matières, utilisation éventuelle de structures, pergolas, bassin…).

Tableau 1 - La formalisation des projets de conception en novembre 2004

N°	Nature de l'étape	Organisation du travail	Tâches à effectuer	Doc. internes	Livrables client
E1	**Commerciale :** rencontre commerciale	**Pas de délégation**	Observation générale du jardin	Notes manuscrites	Aucun rendu
			Accroche commerciale		
			Proposition d'une « pré-étude »		
E2	**Technique :** analyse technique du jardin du client	**Équipe technique** Coordination : supervision directe	Relevés techniques	Notes manuscrites	Compte rendu oral
			Bilan phytosanitaire	Dessins et croquis	
E3	**Création :** création de la « Base » et finalisation de la « pré-étude »	**Équipe d'étude** Coordination : ajustement mutuel	Mise au propre	Plan à l'échelle	Dossier de pré-étude
			Explorations	Autres rendus à géométrie variable	
			Estimation budgétaire		
E4	**Validation :** précision et validation de la « Base »	**Pas de délégation**	Séduction	Notes manuscrites	Documents de E3
			Explication des choix de conception		
			Validation des « idées » et grandes lignes du jardin		
E5	**Étude :** détail et finalisation de l'étude	**Équipe d'étude**	Création d'un plan de plantation détaillé	Plan de plantation	Dossier de création final
			Chiffrage et devis de réalisation	Devis	
				Dossier conseil	
E6	**Négociation :** remise de l'étude et vente du projet de réalisation	**Pas de délégation**	Remise du travail final	Notes manuscrites	Documents de E5
			Préparation étape suivante		Facture de l'étude

Le travail réalisé sur les méthodes de conception porte ses fruits. Les étapes de la pré-étude sont plus efficaces, l'entreprise répond plus rapidement aux clients et la qualité des rendus s'est également améliorée (voir Figure 3). Cette restructuration a également un effet positif immédiat sur les ventes d'études. Ainsi, dans les mois qui suivent, quatre projets importants de création sont signés et un nouveau jardinier-paysagiste est intégré à l'équipe de conception, cette fois, sans conflit.

Figure 3 - Exemples de rendus de conception

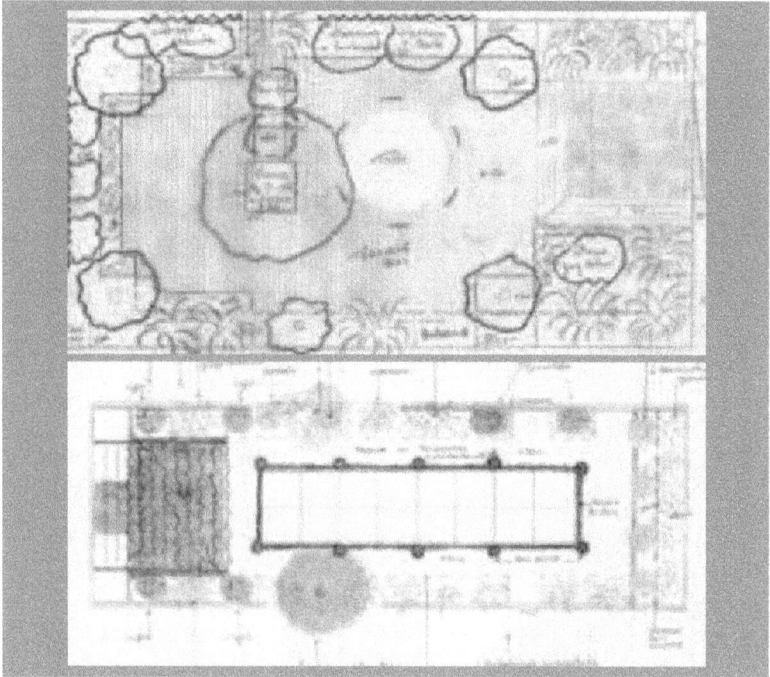

Plusieurs questions demeurent cependant suite à ce premier effort de rationalisation des projets d'étude. D'une part, Éliane explique qu'elle apprécie le fait de « *prendre le temps de faire la visite du jardin avec le client, mais que ce n'est malheureusement pas toujours possible* ». Elle ajoute, que cette « *fréquentation du lieu* » et cette prise de connaissance avec le propriétaire sont cruciales pour son travail de création. Cette rencontre semble donc aller plus loin qu'un simple « contact commercial ». Ainsi, à mesure qu'Éliane visite le jardin avec le client, elle prend des notes et dessine des « *croquis de masse* » représentant les ambiances générales souhaitées par le client. Lorsque ce dernier est absent, elle en profite pour poser des tuteurs et des jalons, une méthode qu'elle nomme le « *piquetage* ». Ce travail *in situ* lui permet d'explorer de premiers axes de conception, qu'elle retire après son

46

passage pour, selon elle « *éviter que le client ne pose trop de questions* ». Toutefois, ces opérations de conception ne sont pas réellement organisées. Par exemple, les dessins et croquis ne sont pas systématiquement donnés aux autres concepteurs ou au client. Ils sont avant tout considérés par Éliane comme des aides-mémoire utiles pour la suite de la conception et lui permettent de gagner du temps ensuite: « *Je fais ces croquis pour moi, pour ne pas oublier les idées qui me viennent sur le moment* ».

D'autre part, en ce qui concerne les heures d'études réalisées en interne, un point reste obscur. En effet, il apparaît qu'Éliane passe de nombreuses heures affectées à la conception « hors bureau ». Ces heures concernent le plus souvent des rendez-vous avec les clients, qui ont lieu au cours du projet et qui n'ont pas de nature clairement identifiée. Il ne s'agit ni de rendez-vous purement techniques, ni de rencontres de négociation commerciale au sens strict. De même, Éliane continue de se rendre sur la plupart des chantiers de réalisation et ne paraît pas se résoudre à rester dans un « bureau d'études », où, du point de vue de la marge nette, ses heures sont pourtant bien plus valorisées que pour une activité de réalisation. Le thème des « finitions » refait surface et il semble dorénavant clair que la pratique de conception de jardin d'Éliane ne recoupe pas entièrement celle d'un « architecte-paysagiste » travaillant essentiellement à partir du plan. Le rôle de la plantation dans la pratique de conception d'Éliane apparaît mal décrit et en partie incompris.

Enfin, l'étape E5 semble nécessiter une clarification. En effet, cette étape est le moment où s'effectue la *sélection finale des végétaux*. En ce sens, la pépinière apparaît comme un « catalogue vivant » fort utile pour valider les végétaux avec le client (voir Figure 4). Selon Éliane il s'agit même du « *point clef de la création* ». Comment alors caractériser cette étape ? Est-elle une étape de « combinaison » de végétaux déjà présélectionnés au cours des étapes précédentes ? Est-elle une étape de validation conduisant à la détailler le projet au client lors de la remise de l'étude finale (E6) ? Cette question est centrale car le malaise du détail n'affecte pas uniquement l'organisation interne des activités d'étude et de plantation mais également la relation marchande, comme nous allons maintenant le voir.

Figure 4 - L'ouverture de la Pépinière de collection

La relation client : les limites d'une approche marchande

Comme nous l'avons déjà évoqué, lors de la première étape (E1), Éliane explique qu'elle donne au client ce qu'elle appelle « *les bonnes accroches* ». Elle précise que cette étape est loin d'être la plus difficile et qu'il s'agit avant tout de « *relations humaines et de feeling* ». Elle déclare : « *c'est une 'rencontre' ; on apprend à se connaître. On ne parle pas que du jardin ou de l'entreprise, on parle aussi de la vie et d'un tas d'autres choses. Les gens nous confient leurs problèmes et parfois leurs déceptions précédentes avec d'autres jardiniers. On essaie alors de voir comment travailler ensemble et établir les priorités* ». En outre, durant cette étape censée être commerciale, Éliane avoue en fait ne pas chercher à s'accorder avec le client sur un budget d'étude, ni même une fourchette.

Or cet élément pose des problèmes lors des travaux de pré-étude car ils conduisent souvent à des écarts importants entre les budgets estimés des scénarii explorés et le budget réel du client. Ce phénomène impose souvent des allers-retours supplémentaires au niveau du travail préparatoire d'étude et il apparaît que la phase de rencontre devrait être mieux gérée. Par exemple, Éliane dit manquer de « supports commerciaux », afin de présenter le déroulement des projets, ainsi que les tarifs des créations personnalisées, des éléments qu'il semble crucial à communiquer très tôt pour ne pas partir sur de fausses pistes. De même, l'organisation de visites dans le Jardin d'exposition de l'entreprise semble être un bon moyen de séduire les clients et de lui montrer ce qu'Éliane appelle un « book vivant » pour le convaincre de faire confiance à l'entreprise. La quatrième étape (E4) semble consister à remettre et valider le travail de la pré-étude (E1 à E3). La vente de l'étude à proprement parler n'est proposée au client que si la base de travail est validée durant cette étape E4. D'après Éliane : « *Les clients ne sont déjà pas prêts à payer une 'étude', alors une 'pré-étude', n'en parlons pas !... Pour nous c'est le moment où il faut prouver qu'on est bons et gagner la confiance du client. Ensuite seulement, on peut envisager de vendre une 'étude'.* » Mais cette vente est rarement formalisée par un contrat commercial et les sorties du processus d'étude se multiplient. Le financement des ressources d'exploration est donc *de facto* souvent à la charge de l'entreprise.

Pour illustrer davantage ces difficultés pratiques, on peut identifier quatre cas récurrents d'abandon de projet. En premier lieu, des clients satisfaits et convaincus par la pré-étude ne souhaitent pas passer commande d'une étude en tant que telle et proposent de lancer directement la phase de réalisation. Éliane ne les en dissuadent pas vraiment. D'un côté, elle estime que l'on peut ainsi gagner du temps et de l'argent et, d'un autre, elle a tendance à repousser les études détaillées qui lui semblent des travaux fastidieux et peu utiles à la création. En outre, la charge de travail impliquée par les chantiers de réalisation des nouveaux projets, ne lui laisse que peu de temps pour travailler sur ces projets d'étude détaillée, qui sont alors souvent « mis au placard ».

En second lieu, des clients séduits par les premières propositions d'Éliane cherchent à en savoir davantage avant de passer une commande d'étude détaillée. Ils veulent s'assurer que seuls quelques points précis seront étudiés par l'équipe de conception et qu'on ne perdra pas de temps à explorer des alternatives inutiles. S'entament alors une succession d'allers-retours, ainsi qu'une multiplication de rendez-vous techniques censés préciser la base de travail. Mais ces retouches interminables finissent par lasser Éliane, qui doute alors de l'intention réelle de ces clients et met fin à la collaboration.

En troisième lieu, avec le développement de l'activité et de la communication, l'entreprise a élargi sa portée commerciale. Cette situation, d'abord vécue comme une réussite commerciale, s'avère problématique. Jusqu'alors les clients provenaient exclusivement du réseau de « bouche-à-oreille » et la confiance réciproque était souvent acquise. L'arrivée de nouveaux clients, non issus de ce réseau, modifie la situation. A plusieurs reprises, certains clients mettent fin au projet, peu avant ou peu après l'étape E4. Ils disparaissent ainsi avec l'ensemble du dossier de pré-étude sans payer quoique ce soit à l'entreprise.

En dernier lieu, certains clients ne sont pas convaincus par les propositions d'Éliane et sortent alors du projet de création. Dans tous ces cas, les sorties s'opèrent sans que les frais d'étude préparatoire ne puissent être couverts et, alors que les ventes d'études ne décollent pas, les « pré-études », non payées, se multiplient et deviennent une charge pour l'entreprise.

La pré-étude, que les clients ont tendance à la considérer comme un « devis gratuit », est donc la phase la plus problématique à franchir. Pendant une longue période aucune étude

49

n'est vendue en tant que telle. L'enjeu managérial de l'époque semble être de mieux organiser le processus de vente des études, et en particulier, de mieux gérer ce qu'il faut dire au client pour qu'il soit suffisamment séduit pour acheter une prestation d'étude, et ce qu'il ne faut pas lui dire, afin de limiter les risques et les coûts des « sorties » de ce processus de vente. De nombreuses idées sont explorées à l'époque. Par exemple, les plans de plantation ne pourraient comprendre que des masses et ne préciser que le genre ou l'espèce des plantes sélectionnées. Les variétés précises ne seraient ainsi dévoilées au client qu'au cours des étapes suivantes ; ce procédé réserverait en outre des possibilités d'alternatives à Éliane.

Sans trouver de solutions définitive, l'analyse encourage en tout cas à conduire une restructuration assez classique de la relation client et du processus de vente, où l'engagement contractuel est mieux formalisé (ex. des conditions générales de vente seront ainsi rédigées) et où l'on maîtrise l'effort de conception pour des projets (les livrables seront standardisés), dont on ne sait s'ils vont aboutir. Cette restructuration va porter en partie ses fruits et limiter le nombre de sorties du processus de vente, mais elle ne résout pas un point de tension autour des étapes dites de « validation ». Le cas d'un client illustre particulièrement bien ces difficultés.

Du point de vue des critères d'évaluation de l'entreprise, Louis semble être un très bon client. Il a accepté de commander une étude pour la réalisation de son jardin. Il ne remet pas en question la nécessité de cette étape et a même accepté de verser un acompte pour ce travail. Sa femme a participé activement aux travaux de pré-étude et d'étude. Elle semble ravie et partage la passion des jardins d'Éliane. En interne, cette rencontre est présentée par les concepteurs comme un cas d'école d'une « bonne rencontre » et du fait qu'un projet d'étude se déroule bien non pas uniquement en raison d'un processus de vente plus formalisé, mais surtout en raison de la qualité des personnes et des relations humaines. Pourtant, lors de la réception finale du travail d'étude, Louis semble contrarié et refuse de régler la facture. Il stipule que le travail est « incomplet ». Si ce n'est pas la première fois qu'Éliane se heurte à ce type de reproches, c'est en revanche la toute première fois qu'elle nous explicite clairement cette difficulté et qu'elle nous demande d'intervenir directement avec le client.

Nous organisons donc une réunion spéciale dans le but de comprendre la position de Louis et, surtout, de le rassurer. Nous faisons alors l'hypothèse qu'Éliane « *n'a pas su présenter clairement l'organisation d'un projet de conception personnalisée.*» Pourtant, malgré de nombreuses explications données au client, la situation ne se règle pas. Ancien chef de projet dans un département de R&D d'une grande entreprise industrielle, Louis remet en question les méthodes de travail de l'entreprise, ainsi que la « *qualité de la gestion de projet* ». Il réclame une étude plus « détaillée » de son projet que celle délivrée, car il doit faire intervenir d'autres corps de métier (maçonnerie, gros élagage, architecte, terrassier…) : « *sur un tel projet, le contrat doit toujours indiquer les résultats attendus, ainsi que les moyens et le délai pour les atteindre. Le rendu de l'étude de conception est trop qualitatif et ne correspond pas à un livrable permettant de guider le travail ou de fournir un accord.* » La nature de ce que demande Louis semble donc tout à fait raisonnable, si l'on accepte que les documents du « dossier de création », et notamment le plan de plantation, peuvent et doivent montrer « tous » les détails du projet final. Or la réaction d'Éliane laisse entrevoir qu'un quiproquo s'est installé avec les clients. De son côté, Éliane ne comprend pas la position de Louis. Elle a déjà rencontré plusieurs fois son épouse et lui a expliqué sa façon de travailler. Cette cliente a pris part à l'élaboration du plan et la phase amont a été achevée et validée sans difficulté. L'étude s'est alors poursuivie, un planning a été prévu et Éliane a pris contact avec tous les autres corps de métiers participant au projet général de construction.

Pour Éliane, tous les éléments sont donc réunis pour que le projet se déroule convenablement : « *J'ai le jardin dans la tête, je ne vois pas ce qu'il faut étudier de plus. S'il* [Louis] *veut que je lui ' dise' ce que va être son jardin sur le papier, ça va être difficile... On est d'accord sur les grandes lignes, j'ai bien compris ce que sa femme recherchait comme ambiance et comme atmosphère. Je ne vais pas lui faire un dessin « plante par plante », il faut raisonner par « masses », les détails se règlent ensuite sur le terrain. Ce sont les finitions. Elles se gèrent une fois que la base est saine ; pas avant de commencer, et encore moins sur un bout de papier !... ».* Malgré une discussion sur la nature « évolutive » d'un projet de jardin et sur la limite du « plan complet » pour qualifier le rendu du travail de conception, Louis reste déterminé à ce que la phase d'étude se termine de façon claire et définitive : « *Tous les détails importants doivent être réglés lors de la phase de conception. Cette phase doit être précisément délimitée. Il ne faut pas revenir en arrière lors de la phase de réalisation.* » Ces multiples discussions sont éprouvantes pour Éliane, qui commence selon elle, « *à perdre confiance dans son travail* ».

Face à cela, et malgré un budget conséquent, nous décidons d'abandonner le projet. L'expérience est cependant féconde en termes d'intercompréhension avec Éliane et aboutit à la caractérisation de « clients toxiques » pour l'entreprise. En effet, dès le début du projet d'entreprise, celle-ci a été très préoccupée par la question de la « *sélection des bons clients* » et a toujours cherché à s'assurer qu'elle ne sera *pas obligée de travailler avec n'importe qui* ». Longtemps, cette inquiétude est interprétée sous l'angle de sa personnalité : décrite comme sensible et ayant besoin d'une relation amicale pour travailler, ses difficultés sont interprétées comme des difficultés à trouver un compromis entre la construction d'une relation amicale et d'une relation marchande.

Le cas de Louis nous suggère que cette interprétation masque en réalité ce que la relation client implique du point de vue de l'organisation des activités de création et non pas uniquement du processus de vente. Elle suggère en effet que le problème de la « vente des études » de l'entreprise ne porte pas uniquement sur une relation commerciale à restructurer : en poussant les spécifications d'un travail d'étude *au maximum* (cf. le plan « complet »), le cas de Louis révèle en fait les limites du référentiel de création qui sous-tend la manière de décrire le travail d' Éliane depuis le début de la création de l'entreprise, à savoir le référentiel de création de l'architecte. Mais que peut alors le management face à cela ? Comment identifier et aider à structurer un référentiel de création adapté à la logique de locale de création ? Plus fondamentalement, quel sens donner à ce « malaise du détail » qu'éprouve l'ensemble des acteurs de l'entreprise, y compris les clients ?

Du mode d'existence des objets symboliques de création

L'expérience au sein d'Hamadryade nous plonge au cœur de notre problématique de départ sur le management des entreprises de création. Elle suggère qu'un élément central des difficultés rencontrées localement pour élaborer un modèle d'organisation du travail de création fait intervenir une « logique du détail signifiant ». S'il est évident que ces difficultés pratiques peuvent être interprétées de multiples manières, y compris en termes de manque d'expérience des protagonistes, l'hypothèse de notre enquête s'est tournée vers la compréhension du mode d'existence des objets symboliques dans les activités de création. Elle s'est reformulée comme suit : *dans la confrontation aux activités de création, ce qui fait épreuve pour le management renvoie à un impensé relatif aux régimes de signification.* Nous allons maintenant exposer comment cette hypothèse a été explorée dans le cas d'une étude des dispositifs et *rendus* de la création au sein d'Hamadryade.

Mondes symboliques et langages de l'art : l'apport de Nelson Goodman

En philosophie, bien que certains l'estiment encore trop peu étudié (Cohnitz et Rossberg, 2006), Nelson Goodman est considéré comme l'une des figures majeures de la philosophie américaine du 20è siècle (e.g.: Elgin, 2000; Morizot et Pouivet, 2011; Shottenkirk, 2009). Souvent rattachée à la philosophie analytique, son œuvre s'inscrit aussi dans la riche lignée des pragmatismes américains (White 2009). Elle embrasse un projet philosophique ambitieux qui s'étend de la logique symbolique à la philosophie des sciences et à l'épistémologie, en passant par l'esthétique et la métaphysique, travaux pour lesquels il est aujourd'hui internationalement reconnu. Dans son travail critique sur la construction des mondes, Goodman lutte contre toute métaphysique supposant l'existence d'un monde unique donné une fois pour toute. Pour lui, *faire monde*, c'est décrire, et décrire c'est symboliser de multiples façons.

Chez Goodman, l'*esthétique* trouve ainsi sa place dans une épistémologie ouverte à la variété des modes de symbolisation. A ce niveau, son projet est de sortir d'une critique esthétique, au mieux disciplinaire et historique, au pire (pour lui) subjectiviste et mystique. Ce faisant il souhaite s'engager dans une réflexion *génétique* et *structurale* sur le fonctionnement symbolique des œuvres d'art. Goodman est en ce sens célèbre pour avoir reformulé la question : « *Qu'est-ce que l'art ?* », par : « *Quand y a-t-il art ?* » (Goodman, 1978 [1992], pp. 79-94). Son travail a donc cherché à indiquer une voie s'écartant de toute tentative de définition de l' « Art », qu'elle soit substantialiste ou conventionnaliste, et a plutôt proposé une caractérisation rigoureuse de l'émergence de symptômes de ce que, pour des raisons à la fois structurelles et pragmatiques, nous venons à nommer « art » à un moment donné de l'histoire de nos mondes.

En termes de méthode d'analyse, il est important de comprendre que Goodman n'appartient pas au *linguistic turn*, mais le prolonge radicalement. En effet, l'auteur ne restreint absolument pas les ressources symboliques mobilisables dans la construction de mondes à des ressources verbales ou linguistiques. En réalité, il l'ouvre à toute « marque », i.e : indice matériel (son, couleur, image, mot...), pouvant fonctionner en tant que symbole, i.e. tenir pour (*stand for*) un élément (*item*) d'un domaine de référence (*referential realm*). En cela, il se rapproche bien davantage de la théorie pragmatiste du signe de Peirce, que de celle de Saussure ou du langage idéal de ses inspirateurs néo-positivistes. En outre, il ne fait pas du signe l'unité primitive de son analyse et déclare, avec l'ironie qui le caractérise, préférer les « chemins » de la signification (*routes of reference)* à ses « fondements » *(roots of reference)*[26] (Pouivet 1992).

---

[26] Le jeu de mot *routes/roots* ne fonctionne bien qu'en anglais...

Son projet prend alors la voie d'une analyse *inscriptionnaliste* du fonctionnement symbolique, c'est-à-dire d'une orientation qui vise à articuler deux niveaux comme le montre la Figure 5 :

- le niveau structurel de l'organisation sémiotique de « marques », ou « étiquettes » (*labels*),
- le niveau pragmatique de leurs usages pratiques en art et dans d'autres domaines (Morizot et Pouivet, 2011, p. 55).

Figure 5 - Structure simplifiée d'un système symbolique

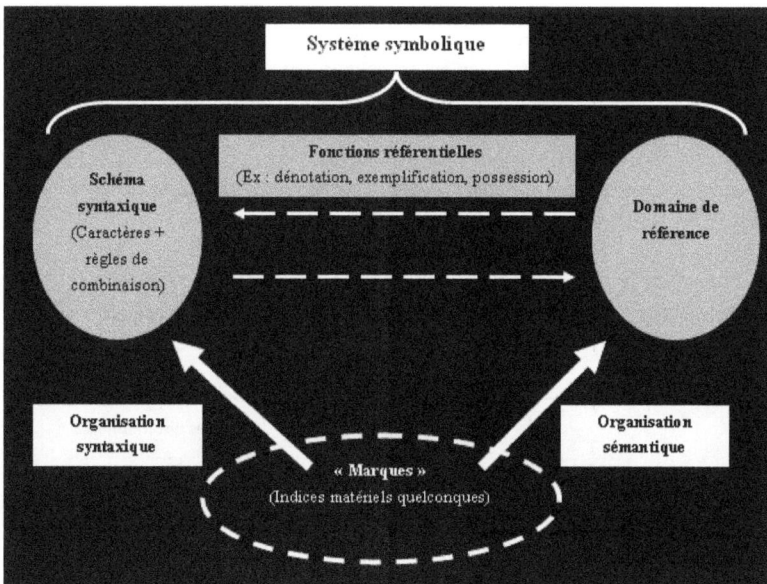

En ce qui concerne le niveau structurel de l'organisation sémiotique des marques, Goodman reprend à son compte l'articulation classique entre syntaxe et sémantique, et entreprend d'établir une théorie générale de la *notation*. Alors que la syntaxe permet de définir des caractères – i.e. des classes d'équivalence – et des règles de composition de ces caractères, la sémantique définit la manière dont ces caractères, simples ou composés, peuvent référer à un (ou des) domaine(s) de référence. Par exemple, dans la langue française écrite, la syntaxe revient à définir la façon dont des inscriptions peuvent fonctionner comme caractères acceptables d'un alphabet – avec des variations à nouveau infinies (pour la lettre « a » : a, A, a, a, a...) – ainsi que leurs règles de combinaison pour former des mots et des phrases lisibles correctement. La sémantique revient quant à elle à définir comment ces

55

marques écrites peuvent, par exemple, référer au domaine des sons et à s'assurer que deux lectures du même texte seront bien concordantes.

A partir de différents réquisits syntaxiques et sémantiques, Goodman définit trois degrés de structuration (voir Tableau 2) : les *ensembles non notationnels* (denses), les *schémas notationnels* (structurés syntaxiquement mais non sémantiquement) et les *systèmes notationnels* (à double structuration) (Morizot et Pouivet, 2011, p. 67). Dans le cas particulier des arts, cette classification se décline en *esquisse, script* et *partition* (voir Tableau 3). Le sens de ces termes dépasse donc celui de leurs acceptions usuelles, qui ne sont que des cas particuliers de ce que vise la typologie. Ainsi, le terme « partition » ne renvoie pas uniquement à une partition musicale, mais peut permettre de rediscuter la fonction symbolique des plans d'un architecte. Autrement dit, ces variétés émergent d'une analyse structurelle générale de l'organisation sémiotique des marques et non de l'analyse disciplinaire d'une pratique particulière (la peinture, le théâtre ou la musique). Cette approche lui permet de compléter sa théorie des modes de référence en prenant en compte la structure sémiotique des supports de symbolisation : « *Une œuvre ou un objet social fonctionne en tant que symbole mais il possède lui-même des caractéristiques qui dépendent des marques qui le composent [...]* » (Morizot et Pouivet, 2011, p. 66).

Tableau 2- Degrés de structuration des systèmes symboliques avec application en art

		Syntaxe	
		Dense	Différenciée
Sémantique	Dense	**Ensembles non notationnels**	**Schémas notationnels**
	Différenciée	*Configuration logiquement impossible*	**Systèmes notationnels**

En ce qui concerne le niveau pragmatique des opérations référentielles et de leurs résultats dans l'art et dans d'autres pratiques, Goodman procède à une critique de la notion de « représentation ». Il développe une théorie de la *référence*, dont la « dénotation » et l' « exemplification » sont des sous-espèces. Selon Pouivet et Morizot (2011), « *[l]a dénotation est la sous-espèce de référence qui s'applique à des termes ou des descriptions définies et qui renvoient à des individus (le Mont Blanc, le vainqueur de Waterloo) ou des événements (le couronnement de Charles Quint, la relève de la garde).* » (Morizot et Pouivet, 2011, p. 56). La dénotation procède donc de l'étiquette vers l'entité dénotée. Une spécificité notable de la dénotation goodmanienne est sa généralité. Elle permet à la fois la caractérisation d'énoncés littéraux et métaphoriques, la caractérisation d'entités fictionnelles ou non-existantes, et un élargissement aux systèmes iconiques. Elle permet en enfin de penser des rapports de concrétisation via la notion de « concordance », par exemple entre une partition musicale et son interprétation, ou encore, entre un plan d'architecte et sa construction concrète.

A l'inverse, l'*exemplification* est définie comme une relation de symbolisation qui remonte la chaîne de signification à partir du dénoté. Le cas de l' « échantillon » (*sample*) est à ce titre le plus célèbre car il permet à Goodman de préciser la notion d'exemplification. Ainsi, un échantillon de tissu ne dénote pas tel ou tel vêtement en particulier, mais il exemplifie certaines propriétés (ex. : être rouge, rugueux, etc.), censées par exemple servir à une décision d'achat en vue d'un projet de confection. En cela, il y a bien entre le tissu et les propriétés désignées (les étiquettes « rouge », « rugueux », etc.) une relation de symbolisation inverse à celle de la dénotation. En revanche, il faut faire remarquer qu'une décision d'achat ne mobiliserait pas en tant que tel toutes les propriétés que le tissu possède et elle en laisse donc de côté pour se concentrer sur les plus habituelles – les textures, couleurs, motifs, etc. Pour cette dernière raison, Goodman affirme que « *l'exemplification, c'est la possession plus la référence* » (Goodman, 1968 [1990], p. 87).

Par rapport à notre enquête, il est apparu qu'une approche sémio-pragmatique de ce type pouvait permettre d'éclairer autrement les conflits entre les mondes symboliques en présence ; c'est-à-dire ici principalement entre le monde de la créatrice et ceux des autres membres de l'entreprise, y compris les clients. La contribution de Goodman nous est apparue comme un bon moyen d'aborder la compréhension de ces mondes en construction à partir d'une méthode d'analyse rigoureuse de leurs « rendus » (*renderings*) et logiques projectives[27] respectives. Une telle approche nous permettait de dépasser, un pur relativisme des interprétations (chacun peut penser comme il veut : il faut chercher des compromis) ou une pure critique des stratégies de pouvoir (chacun a de bonnes raisons de penser comme il veut : il est normal que les compromis trouvés soient fragiles), pour introduire une critique constructionniste de la structure et genèse des objets symboliques (dans sa version-de-monde en construction chacun mobilise des ajustements internes, plus ou moins corrects, qui organisent la façon dont il pense : il ne s'agit pas uniquement de trouver des compromis, mais d'explorer les possibilités d'une construction symbolique commune).

Par exemple, informé par la lecture de Goodman, il commençait à devenir clair que, dans notre propre version-de-monde[28] de manager, il est plus facile d'organiser une division du travail à partir d'un rendus de conception fonctionnant comme une partition (ex. : un plan

---

[27] La notion de « projection » est centrale chez Goodman. Elle renvoie en partie à ce qu'il a qualifié de « nouvelle énigme de l'induction » (*new riddle of induction*) (1985), un paradoxe sur les inférences inductives via lequel il défend l'idée que ce que nous prenons pour des régularités naturelles de l'expérience implique en fait la *projection* préalable de la structure prédicative d'un système de classification donné.

[28] Par *version-de-monde*, il faut entendre que ce que nous appelons, à tort et par habitude, « le monde » s'appréhende en réalité de multiples manières, qui sont autant de *versions* différentes de ce monde. Goodman affirme en outre que toutes ces versions-de-monde (*world-versions*) ne sont pas des versions d'un même et unique monde, mais qu'elles sont de multiples mondes « réels » pour nous. Chacune de ces versions-de-monde possède une valeur propre et il n'existe aucune version à laquelle elles pourraient toutes se rapporter.

de plantation) que d'une esquisse (ex : un croquis d'un *mixed-border* anglais). Mais dans la version-de-monde d'Eliane, si l'on suit Goodman, la puissance de signification devrait dépendre de l'existence de *langages denses* comme le sont les esquisses. Or il n'est pas assuré que la normalisation des dispositifs et rendus de conception dans l'entreprise permette la coexistence de ces deux mondes. Comment alors procéder ? Le management doit-il s'effacer à nouveau, au risque de replonger dans l'incapacité à organiser le travail collectif ? L'activité de création doit-elle fonctionner dans un régime de la partition, au risque de se banaliser ? Il y a-t-il une « voie du milieu » possible ? Telles ont été les questions de recherche qui ont guidé notre enquête.

Une analyse sémio-pragmatique des *rendus* de conception de jardins

Dans notre enquête, nous avons utilisé la méthode d'analyse de Goodman pour conduire une étude des dispositifs d'organisation de l'activité de création au sein d'Hamadryade. Nous avons cherché à caractériser le type de « rendus » (au sens de Goodman) permis par ces dispositifs et à évaluer leur pertinence eu égard aux objectifs et besoins de l'activité de création. Pour ce faire nous avons utilisé comme critères d'évaluation les cinq symptômes de l'esthétique de Goodman, à savoir : la *densité syntaxique*, la *densité sémantique*, la *saturation relative*, l'*exemplification*, la *référence multiple et complexe*.

Plus précisément, selon Goodman : « *La question de savoir quelles caractéristiques au juste distinguent, ou sont des indices de, la symbolisation (qui constitue le fonctionnement en tant qu'œuvre d'art), appelle une étude attentive à la lumière d'une théorie générale des symboles. Cela est plus que ce que je puis entreprendre ici, mais à titre d'essai je risque l'idée qu'il y a cinq symptômes de l'esthétique : (1) la densité syntaxique : les différences les plus fines à certains égards constituent une différence entre les symboles – par exemple, un thermomètre au mercure gradué par opposition avec un instrument électronique à lecture numérique; (2) la densité sémantique : les choses qui sont distinguées selon de très fines différences à certains égards sont munies de symboles – par exemple non seulement le thermomètre non gradué, mais aussi l'anglais ordinaire, bien qu'il ne soit pas syntaxiquement dense ; (3) une saturation relative : de nombreux aspects d'un symbole sont plus ou moins significatifs – par exemple, dans un dessin de Hokusai qui représente une montagne d'un simple trait, chaque caractéristique de forme, ligne, épaisseur, etc., compte, par opposition avec peut-être la même ligne représentant les moyennes du marché financier au jour le jour, où tout ce qui compte est la hauteur de la ligne par rapport à la base; (4) l'exemplification : un symbole, qu'il dénote ou non, symbolise en servant d'échantillon pour les propriétés qu'il possède littéralement ou métaphoriquement ; et enfin (5) la référence multiple et complexe : un symbole remplit plusieurs fonctions référentielles intégrées et interagissantes, les unes directement et certaines par l'intermédiaire d'autres symboles.* » Autrement dit, un dispositif dégradant plusieurs de ces critères durant la phase de création des jardins a été considéré comme non pertinent car, d'un point de vue structurel, il ne facilite pas l'émergence d'une forme proprement esthétique.

Nous avons ensuite cherché à déployer l'étude selon l'approche sémio-pragmatique de Goodman, c'est-à-dire à articuler les deux niveaux suivants :

- l'étude structurelle de l'organisation sémiotique des rendus de conception
- l'étude pragmatique de leurs modes d'usages pratiques par les acteurs en présence

En ce qui concerne l'étude de l'organisation sémiotique des rendus de conceptions, nous avons appliqué la typologie *esquisses, scripts, partitions* (voir Tableau 3) aux rendus intermédiaires de conception des jardins (croquis, plans, projet de scénographie…). Pour rappel, la *partition* renvoie à un type général de caractère complexe (i.e. caractère composé de caractères élémentaires via un processus d'engendrement dont les règles sont explicitées par la syntaxe) fonctionnant dans un langage *notationnel*. Dans le cas de la musique, cela se traduit, par exemple, par le fait qu'une partition permet une correction « orthographique » des exécutions[29], ou que toute partition de la même œuvre conduise à la même exécution[30], ou encore que chaque exécution d'une œuvre définie renvoie à une unique partition.

A l'opposé, le fonctionnement symbolique de l'*esquisse* est entièrement « ouvert », tant d'un point de vue syntaxique, que sémantique. Ainsi, contrairement à une partition musicale occidentale classique, où, par exemple, presque seules les propriétés de *hauteur* et de *durée* d'une note comptent, « *aucune parmi les propriétés d'une esquisse ne peut être écartées comme non significative* » (Goodman 1990, p.232). Cet élément fait que : « *à la différence d'une partition, une esquisse ne définit pas une œuvre, au sens fort de « définir »* [...], *mais elle en est une* » (Goodman 1990, p.232). L'objet de l'étude a été ici d'analyser l'ensemble des langages et outils de conception utilisés dans la création de jardins au prisme de ces critères syntaxiques et sémantiques.

Tableau 3 - Typologie des langages de l'art de Goodman

		Syntaxe	
		Dense	Différenciée
Sémantique	Dense	Esquisses	Scripts
	Différenciée	-	Partitions

En ce qui concerne les modes d'usage, nous avons cherché à comprendre la manière dont les *esquisses, scripts* et *partitions* de jardins peuvent ensuite fonctionner comme langage de coordination, d'exploration ou d'évaluation en pratique pour chacun des acteurs importants

---

[29] Les « exécutions » sont ici les « concordants » et les partitions les « caractères ».
[30] En faisant l'hypothèse d'une stabilité des pratiques conventionnelles d'exécution.

considérés, y compris les clients. Par ailleurs, pour respecter la terminologie de Goodman, nous avons distingué une « exécution de jardin », pour référer à une plantation *effective* d'un jardin, des différents « rendus de conception ». Par exemple, l'expression « plan de plantation » renvoie à un plan technique à l'échelle, contenant les informations préalables à la plantation des végétaux, c'est-à-dire principalement : la localisation des plantes, le nom, la taille, la quantité, voire la floraison ou la forme à l'âge adulte. Nous avons également distingué la notion d'« œuvre-jardin » pour renvoyer au jardin en tant qu'il est une *forme esthétique en émergence* qui peut éventuellement s'instancier dans les rendus ou les exécutions. Cette étape a principalement reposé sur la réalisation d'entretiens semi-directifs avec les acteurs considérés, et qui ont visé à comprendre la manière dont ils faisaient sens de ces rendus dans leur pratique. Ces entretiens ont été complétés par nos observations notées dans un journal de bord tenu régulièrement à partir de 2004.

Deux régimes de signification antagonistes : *différenciation* vs. *densification*

Retour sur le malaise du détail : pratique allographe vs. autographe

Comme nous l'avons vu, pour la plupart des membres de l'entreprise, dont les jardiniers, les clients et nous-mêmes, le « plan de plantation » vise à *régler l'ensemble des détails* d'une « exécution de jardin » pour une « œuvre-jardin » donnée. Dans cette perspective, le langage du plan doit fonctionner comme un *système notationnel* de l'« œuvre-jardin » (voir Tableau 4). Plus précisément, le « plan de plantation », en tant que rendus, doit donc fonctionner comme une *partition* à exécuter correctement, ou « orthographiquement », pour reprendre l'expression de Goodman. Il doit préciser les propriétés essentielles qu'une « exécution de jardin » doit avoir pour être conforme à l'« œuvre-jardin » et sur laquelle l'ensemble des acteurs est censé s'être entendu. Bien-sûr, comme pour toute « partition », les spécifications n'ont pas la prétention de saisir *toute* la complexité du « réel » et de nombreuses variations sont permises.

Ainsi, dans le cas d'Hamadryade., les clients reconnaissent bien volontiers que des « écarts » sont possibles entre ce que le plan avait *prévu* et la *réalité* du terrain, par exemple en raison des « aléas » des travaux en extérieur. De même, avec les jardiniers nous savons très bien, que *tous* les détails ne sont pas énumérés dans le plan de plantation et que de nombreux ajustements seront effectués sur le terrain, en fonction du contexte. Toutefois, ces « ajustements » et ces « variations », ne sont autorisés que dans la mesure, où ils ne remettent pas en question l'identité de l'« œuvre-jardin », censée être entièrement définie lors de la finalisation du « plan de plantation ». Le « plan de plantation » constitue donc aux yeux de tous ces acteurs la *manifestation* de l'« œuvre-jardin » d'Éliane. Pour ces acteurs, c'est en fait lui, qui *fonctionne en tant qu'œuvre*, et c'est à lui, qu'on se réfère pour évaluer si une « exécution de jardin » est bien une « version correcte » de l'œuvre.

Tableau 4 - Une interprétation du cas d'après la typologie de Goodman

		Syntaxe	
		Dense	Différenciée
Sémantique	Dense	*Non explorés à ce stade*	Un « plan de plantation » selon Éliane
	Différenciée		Un « plan de plantation » selon les autres membres de l'entreprise, y compris les clients

Mais qu'en est-il alors d'Éliane? Nous savons déjà que le « plan de plantation » ne spécifie pas l'ensemble des « détails signifiants » pour elle. Tentons, à présent, d'approfondir cette question. Nos éléments empiriques ont révélé que, pour elle, le « plan de plantation » n'est qu'une étape dans la constitution de son œuvre. Le terme « constitution » est important, car il précise qu'il ne s'agit pas uniquement d'une étape temporelle avant l'« exécution de jardin », mais de la spécification de certaines propriétés constitutives de l' « œuvre-jardin », dans son ensemble. Or, dans la pratique d'Éliane, l'« œuvre-jardin », n'est pas encore *constituée* – en un sens plus fort qu'*exécutée* – après l'étape du plan. Il n'y a donc pas de désaccord fondamental, entre Éliane et les autres acteurs, sur le fait que la réalisation d'un « plan » soit une *étape intermédiaire* dans un processus de conception d'un jardin. En revanche, il existe un quiproquo sur le rôle que joue ce « plan de plantation » relativement à l'« œuvre-jardin ».

Or, pour Éliane, le « plan de plantation » ne fonctionne pas comme une partition. Il ne totalise, ni l' « œuvre-jardin », ni, par conséquent, l'ensemble des « exécutions de jardin » correctes. En fait, comme le montre le Tableau 8, le « plan de plantation » fonctionne plutôt comme un *script* pour elle[31]. Autrement dit, le plan lui permet d'exprimer un potentiel de multiples « œuvres-jardin », auxquelles renvoient encore de multiples classes d'« exécutions de jardin » possibles. Les alternatives proposées aux clients ne constituent donc pas uniquement différentes solutions correctes pour exécuter une « œuvre-jardin » déterminée, mais des « œuvres-jardin » *en* puissance, c'est-à-dire, pour reprendre la distinction introduite précédemment, autant de *plants* d'« œuvres-jardin » (et non de *plans*).

---

[31] Cette analyse permet d'ailleurs de mieux comprendre les multiples *légendes* supplémentaires (ambiances des espaces, effets d'association…) écrites par Éliane sur les plans, ou de ses *commentaires oraux*, lors de *visites* et de *réunions de restitution*.

Notons au passage, qu'au regard de notre brève généalogie des référentiels artistiques du jardin en occident, ce résultat n'est pas étonnant. Comme évoqué précédemment, le « plan de plantation » auquel on a affaire ici, ne renvoie à rien d'autres qu'au plan de l'architecte. Goodman fait d'ailleurs une analyse similaire à la nôtre sur point et montre qu'en architecture le plan fonctionne souvent comme une partition vis-à-vis de son exécution (Goodman 1990; Goodman et Elgin 1994 (éd. orig. 1988)).

On peut ainsi interpréter la manière dont Éliane s'oppose aux autres membres de l'entreprise comme une différence fondamentale à propos de la nature de sa pratique de création. Dans son œuvre, Goodman distingue les arts *allographes* et les arts *autographes*. Dans les arts allographes, comme la musique, la littérature ou l'architecture, on utilise un système notationnel qui permet de distinguer entre les signes de l'« alphabet » utilisé, ainsi qu'entre les traits signifiants et non signifiants des marques qui forme ces signes. Toute instance d'une œuvre qui reproduit les traits signifiants sans les altérer du point de vue du système notationnel, est identique à l'original, peu importe qu'elle diffère par rapport aux traits non-signifiants. A l'inverse, dans les arts autographes, « *l'œuvre ne se présente pas comme le résultat de la combinaison de signes préexistants et isolables, mais comme un signe complet et toujours unique, qui ignore le clivage entre paramètres essentiels et adventices.* » (Baetens 1988, p.196). Or, s'il est possible de concevoir des jardins en se référant à la pratique allographe des architectes, il faut avoir conscience de la restriction opérée conjointement sur les espaces de conception et de jugement.

Figure 6- Statut de la plante dans le jardin architectural classique (vision simplifiée)

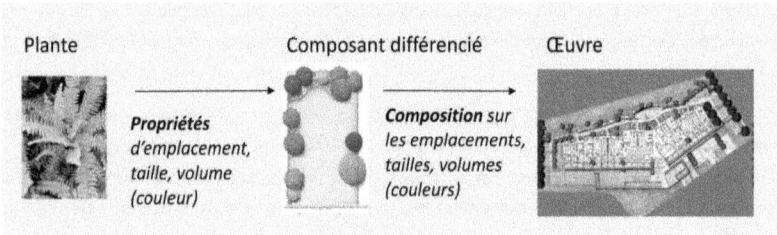

Plante — Composant différencié — Œuvre

Propriétés d'emplacement, taille, volume (couleur)

Composition sur les emplacements, tailles, volumes (couleurs)

Pour fonctionner en tant que tel, le système notationnel architectural doit fixer les propriétés signifiantes des végétaux qui rendent possible leur combinaison en un jardin architectural. Ainsi, comme le montre la Figure 6, sur un plan d'architecte, une plante est censée fonctionnée comme un « composant différencié », c'est-à-dire qu'elle doit se décrire selon des propriétés définies à l'avance, à savoir : un *emplacement*, un *volume*, une *taille* et éventuellement une *couleur* (malgré les progrès des logiciels d'aide à la conception, cet aspect n'est pas vraiment très travaillé). Cette différenciation du composant permet de

62

conduire et d'apprécier un travail de composition sur, respectivement, les *emplacements*, les *volumes*, les *tailles* et éventuellement les *couleurs*, et de reconnaître dans un jardin concret une exécution correcte de ce plan. Sans cette différenciation de la chaîne signifiante de la plante, le raisonnement de l'architecte ne tient plus car il ne compose que sur les propriétés retenues de la plante. Dans notre cas, il semble qu'Éliane ne s'inscrive pas dans cette pratique allographe et qu'un examen plus approfondi de son rapport aux plantes, ainsi que de *ce-qui-fait-esquisse* dans sa pratique soit nécessaire.

La plante : un *composant dense*

Dans notre généalogie des référentiels de la création de jardins en occident, nous avons montré que la spécificité de la « botanique d'ornement » pose question dès l'époque antique. Dans la pratique du *topiarius* romain, les recueils d'*herbae topiariae* renvoient alors autant à une classification de propriétés physiologiques, qu'à une réflexion sur les « propriétés ornementales » avec lesquelles composent les *topiarii*. Plusieurs entretiens et observations, montre qu'Éliane semble plutôt s'inscrire dans cette perspective. Ainsi, elle n'utilise pas uniquement la botanique pour qualifier une classe de propriétés *physiologiques* d'une plante (rusticité, période de floraison, expositions...)[32], mais aussi pour tenter de capter des *propriétés signifiantes* pour son travail de conception. Le niveau de précision qu'elle choisit dans les plans de plantations (genre, espèce, variété), ne renvoie donc pas uniquement à une classification botanique traditionnelle, mais aussi à une tentative d'associations variées.

Or, alors même qu'Éliane nous révèle y réfléchir beaucoup durant les projets de création, beaucoup de ces propriétés ne peuvent en réalité pas être fixées à l'avance sur un plan. Il s'agit, par exemple, de jeux esthétiques sur les *transparences* et sur la *lumière* qui relève plutôt d'un travail de scénographie des plantes *in situ* et d'un travail plastique. De même, les associations portant sur les *textures*, sur les *odeurs* ou même les *sons*, sont à peine suggérées dans des légendes manuscrites qu'Éliane rajoute sur les plans. D'ailleurs, pour prendre la mesure du décalage qui s'est instauré lors de la restructuration des projets d'étude, c'est précisément ces indications manuscrites, incompréhensibles pour les jardiniers et semblant créer un aspect « brouillon » pour les clients, que le travail de rationalisation des rendus suggère à plusieurs reprises d'éliminer lors des « mises aux propres »....

Par ailleurs, lors d'un entretien conduit « en extérieur », Éliane nous raconte (et nous montre) comment elle peut contempler un arbuste, le suivre au fil des saisons et le tester dans différentes configurations, afin de faire émerger de nouvelles propriétés signifiantes,

---

[32] Cette connaissance est toutefois absolument nécessaire pour réussir une plantation, i.e. : connaître les conditions de survie des végétaux plantés. En outre, les effets esthétiques peuvent porter sur les « floraisons », dont seule la connaissance botanique permet de prévoir le calendrier annuel. Il n'est donc pas question ici d'analyser les limites de la botanique, mais plutôt de montrer que son usage peut masquer d'autres niveaux de signification, qu'il est nécessaire de restaurer, du moins dans le cas étudié ici.

dont elle pourra se servir dans ses projets de jardins. Elle déclare : « *La contemplation active d'un jardin permet de renouveler les sensations possibles. On peut le ressentir au travers des saisons. À chaque fois, malgré l'expérience, elles créent des effets de surprise. C'est une recherche inépuisable* ». Cet entretien est décisif, car il nous permet de comprendre que la plante ne fonctionne vraiment pas comme un composant classique, c'est-à-dire comme un caractère dont les propriétés signifiantes ont été fixées à l'avance.

Comme déjà évoqué pour les architectes, on n'attend pas d'un composant classique qu'il crée des effets de surprise et les concepteurs d'un bureau d'études vont avant tout tenter de maîtriser ces effets en établissant une nomenclature précise de *ce-qui-fait-composant* pour eux. Ensuite seulement commence le travail de conception. Or, dans le cas d'Éliane, il s'agit de préserver une exploration de la chaîne signifiante des plantes en vue de régénérer son vocabulaire de création. Il semble donc que les plantes ne représentent pas uniquement des composants dont la chaîne signifiante est entièrement articulée pour être assemblée selon des règles de composition définies, mais qu'il existe chez elle des « composants denses », c'est-à-dire porteurs de *potentiels de signification* dont les propriétés signifiantes ne sont pas toutes fixées à l'avance et qui supportent une pratique autographe de la création de jardin (Figure 7).

Figure 7 - La plante : composant *différencié* vs. composant *dense*

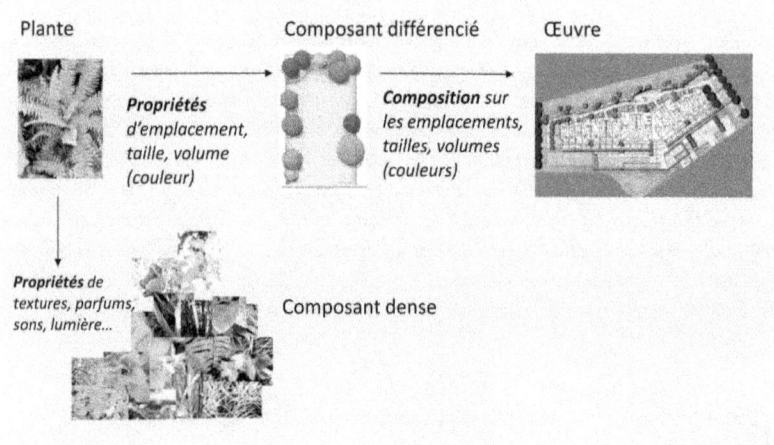

Cette analyse suggère donc que les opérations de conception ne peuvent pas être autant découplées des opérations de plantation et que la « mise-en-scène » des végétaux sur le terrain permet *de créer et d'étendre* des effets esthétiques sur de multiples dimensions, non visibles dans les plans classiques (transparence, textures, sons,...). Ceci permet alors de revenir sur le processus de conception de l'entreprise. Pour rappel, Éliane commence toujours ses créations par une « fréquentation du lieu » au cours de laquelle, en sus de dessins et croquis classiques, elle procède à des essais de mise en scène, via un « piquetage », et à la sélection des « végétaux maîtres » qui structureront les « circulations » du jardin. En fait, dans le cas d'une pratique autographe, *aucune* des propriétés de ces « végétaux maîtres » (transparence, texture, couleurs, captation de la lumière...) ne peut alors, à ce stade, être écartée de la conception, si bien que les associations artistiques appellent une contemplation toujours inachevée des significations possibles en contexte. En ce sens, les « végétaux maîtres », en tant qu'objets symboliques exemplifiant des propriétés infinies, sont des « composants denses » qui participent, via le piquetage, au langage de l'*esquisse* de l'« œuvre-jardin » (Figure 8).

Figure 8 – Les langages de l'esquisse : du *dessin* au « *piquetage* »

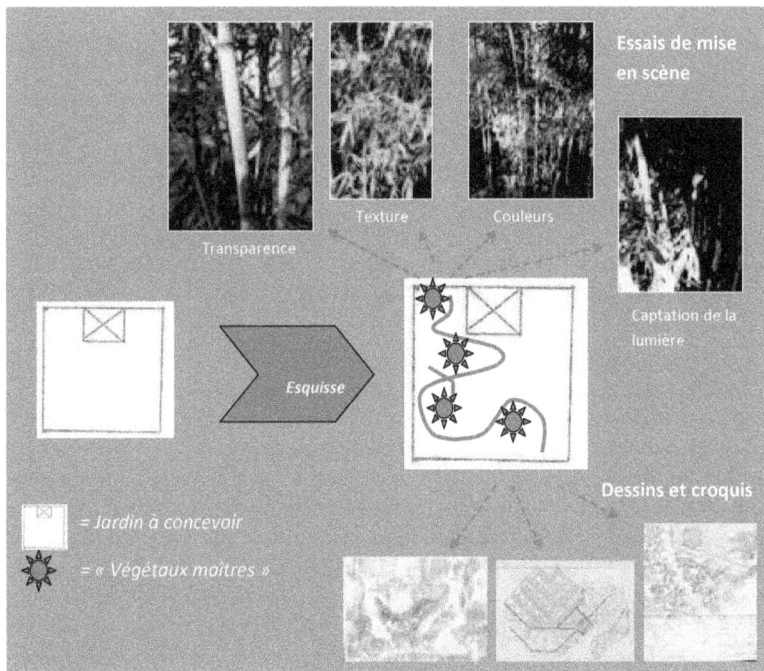

Opérer sur les chaînes signifiantes : *différenciation* vs. *densification*

En définissant la chaîne signifiante d'un objet symbolique comme *la composition des signes qui articulent les propriétés signifiantes de cet objet à des effets esthétiques*

65

recherchés, notre analyse sémio-pragmatique des rendus de création au sein d'Hamadryade révèle deux régimes de signification distincts : la *différenciation* et la *densification* des chaînes signifiantes. Alors que la différenciation repose sur une logique d'articulation de la chaîne signifiante qui cherche à « individuer » les propriétés *signifiantes* des objets symboliques manipulés, la *densification* repose sur une logique de « désindividuation » de ces propriétés signifiantes et les réinstalle dans un réseau de relations référentielles beaucoup plus riche et non stabilisé. Autrement dit, pour reprendre un terme de Goodman, la densification accroît la *puissance d'exemplification* d'un objet symbolique : aucune des propriétés de cet objet ne peut être écartée à l'avance comme non significative ; tous les « détails » peuvent compter et « résonner » entre eux pour produire un effet esthétique. Comme le montre la Figure 9, la *densification* suit une logique antagoniste de celle de la *différenciation*.

Figure 9 – Deux régimes de signification antagonistes : *différenciation* vs. *densification*

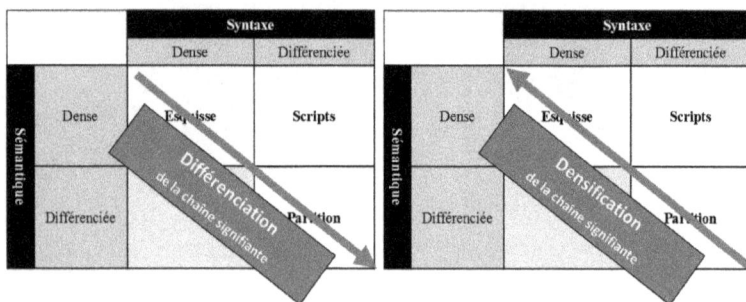

La notion de densification nous semble éclairante pour caractériser la *dynamique* de cogénération des espaces de conception et de jugement, ainsi que la *fonction* de l'activité de création dans ce processus. De même que, dans un système linguistique, la *syntaxe* détermine l'espace du « formulable » pour un langage donné, dans un référentiel de création, l'espace de conception détermine l'univers, plus ou moins organisé, de « signes » qui permettront de capter les *propriétés signifiantes* des objets de création. À l'inverse, de même que, dans un système linguistique, la sémantique peut « déborder » la syntaxe et appeler de ce fait de nouvelles distinctions syntaxiques, dans un référentiel de création, l'espace de jugement peut désigner de nouveaux *effets esthétiques* à explorer nécessitant l'invention de nouvelles « écritures » de l'activité de création. Par exemple, pour l'art des jardins, l'invention d'une « écriture » de la matière semble faire défaut pour réellement soutenir les jeux d'associations de textures. Dans les deux cas, c'est donc la dynamique d'articulation qui importe le plus. Or on peut considérer qu'à ce niveau, l'activité de création elle-même peut jouer le rôle d'une *fonction de densification* sur un référentiel de création donné. En opérant conjointement sur l'espace de conception et de jugement, un créateur peut en effet aboutir à un affinement ou un renouvellement des *signes* visant à capter les *propriétés signifiantes* des objets à concevoir, ainsi que des *effets esthétiques* existants.

En résumé, la logique du détail signifiant, qui nous est apparue centrale dans notre expérience au sein d'Hamadryade, peut être appréhendée comme résultant d'un régime de signification particulier : la *densification*. Or notre étude montre, du moins dans le cas d'Hamadryade, que l'action managériale cherche à soutenir un régime antagoniste de *différenciation* afin de pouvoir stabiliser les structures et opérations du travail collectif. La partie suivante va donc chercher à comprendre comment *un management des processus de densification* est possible.

Conduire la structuration des référentiels de création

Notre enquête au sein d'Hamadryade a débuté par la prise de conscience d'une logique du détail signifiant dans les activités de création. Notre étude, inspirée des travaux de Nelson Goodman, a alors permis d'interpréter ce malaise du détail comme la rencontre de deux régimes de signification antagonistes : la *différenciation* et la *densification*. Nous allons maintenant voir que cette analyse peut suggérer de nouveaux principes pour la gestion de cet antagonisme, que le cas d'Hamadryade permettra d'illustrer.

Principes d'un management des processus de densification

Notre enquête montre que les logiques managériales classiques ont été en partie prises au dépourvu devant l'activité de création. Par exemple, nous avons vu que l'effort de standardisation des tâches de plantation souhaité par Solène avait conduit à une crise collective sévère. Faut-il alors laisser faire ? Doit-on laisser les artistes organiser seuls le travail de création ? Cette perspective a également été mise en défaut dans notre enquête et nous avons relevé les limites de l'ajustement mutuel, du moins dans le cas des créateurs de l'entreprise. En réalité, si l'on suit notre analyse sémio-pragmatique, il semble que l'organisation du travail bute sur l'antagonisme des régimes de différenciation et de densification des chaînes signifiantes.

Ainsi, là où « planter un arbuste » peut relever d'une *partition* précise ne tolérant que certaines variations « orthographiques », certaines plantations scénographiées doivent être considérées comme participant de l'acte de création. Organiser l'activité de plantation dépasse donc la *différenciation* d'une séquence d'actes *articulés* dans le but de définir des tâches « correctes » à exécuter, et doit intégrer les efforts de *densification*, où se rouvre l'espace des *variations signifiantes* possibles. Ces nouvelles variations qui font œuvre devraient d'ailleurs pouvoir être intégrées aux prestations de l'entreprise et valorisées en tant que telle. Prendre en compte ces *variations signifiantes*, organiser leur *visibilité* et leur *accomplissement*, nous semble donc consister de nouveaux enjeux managériaux de première importance dans les entreprises de création.

A partir de notre enquête, trois principes d'action semblent se dessiner afin de maximiser le potentiel de signification d'une entreprise de création :

- La nécessité d'une *identification partagée des langages de densification* : c'est-à-dire une capacité à comprendre le système symbolique où s'installe la « densité » de l'activité de création. Car sans nécessairement jouer le rôle d'une fonction de densification lui-même, le manager ne peut ignorer les langages au sein desquels l'artiste opère sa tentative de densification, au risque de la faire disparaître sinon.

- La restauration de *langages denses* : nous l'avons déjà souligné plusieurs fois, l'effort de conception d'Éliane porte sur une multitude de dimensions, que les autres acteurs ne perçoivent pas nécessairement. Dans l'entreprise, l'incapacité à gérer cette situation a débouché sur ce que nous avons appelé un « malaise du détail » et a entravé l'activité collective. Nous avons alors montré qu'on pouvait interpréter ce malaise comme une incompréhension de la pratique de création d'Éliane et, notamment de ses langages d'*esquisse* qui lui permettent de capter et de rendre visibles les *opérations de densification*.

- L'organisation d'une *puissance d'exemplification* : nous avons montré que la collection de végétaux de l'entreprise ne pouvait se ramener à un stock classique, mais qu'elle devait permettre de *capter* et de *renouveler* un vocabulaire du jardin artistique. Pour reprendre la terminologie de Nelson Goodman (1990), on peut dire que la construction de cette capacité d'« écriture » du jardin revient, plus généralement, à organiser une « puissance d'exemplification »[33] pour l'artiste. A cet égard, Jacques Morizot fait remarquer : « [L'exemplification] *offre cette chance inestimable d'une diversité inépuisable, du plus matériel au plus formel, du plus convenu au plus inventif, et en perpétuelle évolution* » (Morizot 1992, p.36).

- La structuration d'un *référentiel de création* adapté: au démarrage de son activité, le travail de création d'Éliane demeurait invisible aux yeux des commanditaires. Puis, nous avons vu comment le modèle de l'architecte avait écrasé la logique artistique locale et, ainsi, conduit à des actions managériales en partie inadaptées. Notre interprétation théorique a permis de comprendre que cette situation renvoyait en grande partie à un quiproquo sur la nature du travail de création. La *géométrie*, censée historiquement produire les « beaux jardins » dans la tradition de l'architecture paysagère, n'est ainsi pas le seul langage qui permet à Éliane de *densifier* l'espace symbolique de ses jardins.

Nous allons maintenant voir comment certains types d'actes, inspirés des principes précédents, ont guidé une réforme organisationnelle chez Hamadryade :

- Sur l'espace de conception : d'une part, la *création des dispositifs de création* permettant de densifier la chaîne signifiante de l'artiste. D'autre part, l'*organisation du travail de création,* supposant de gérer l'antagonisme entre *différenciation* et *densification.*

- Sur l'espace de jugement : d'une part, la création des *dispositifs de jugement* adapté au référentiel de création local. D'autre part, la *gestion des multiples postures* des clients, afin de leur rendre visible les efforts de densification.

Ces actes génériques sont résumés dans le Tableau 5. La réforme organisationnelle ne constitue évidemment pas une « validation » des principes énoncés mais une illustration du type d'actions de structuration qui peuvent y référer en pratique.

---

[33] Nous reprenons ici une expression que nous avons trouvée dans un texte de Morizot (1992). Ainsi, citant en exemple les compositeurs de musique classique, l'auteur déclare : « […] *l'on sait que pour décrire un monde qui veut naître de rien, Wagner n'a pas craint dans la* Tétralogie *d'engendrer la musique à partir d'une matière sonore presque indifférenciée, un* mi *bémol grave enrichi de ses harmoniques dont il fait varier les paramètres (timbre, rythme, intensité, etc.) au long de 135 mesures.[...] Le génie de Wagner ne tient pas l'usage d'artifices tel que le leitmotiv qui dote chaque personnage d'une signature thématique, encore moins au « bazar mythologique » stigmatisé par M. Vuillemin, mais à la puissance d'exemplification dont il a su doter son écriture musicale* » (Morizot 1992, p.36). Cette expression nous est apparue particulièrement éclairante et pertinente pour notre propre travail.

71

Espaces du référentiel de création (EC/EJ)	#	Nouveaux actes de gestion génériques
EC/EJ	1	Construire une identification partagée de la densification
EC	2	Créer des dispositifs de création adaptés
	3	Organiser le travail de densification
EJ	4	Créer des dispositifs de jugement adaptés
	5	Gérer les multiples postures du client

Agir sur les espaces de conception et de jugement

Construire une identification partagée de la densification

L'idée de comprendre la manière dont un créateur travaille est aussi banale que difficile à mettre en œuvre. En ce qui nous concerne, nous avons rencontré de nombreuses difficultés pour engager un dialogue avec Éliane à propos de son projet artistique. La « peur du jugement » était alors perçue comme la principale origine de cette difficulté et Éliane ne cessait de nous répéter : « *mais tu veux me faire une échographie du cerveau ou quoi ?!* ». Pouvait-on s'arrêter là et juger que nous avions à faire à une artiste caractérielle ? La tentation fut bien présente tant les débats pouvaient devenir houleux par moments. Mais notre recherche historique vint révéler que les difficultés d'Éliane à « parler du jardin » n'étaient pas uniquement personnelles et qu'elles s'inscrivaient en fait dans l'histoire des théories de la conception de jardin.

Ainsi, comme nous l'avons montré dans notre généalogie des référentiels de création de jardins en occident, la conceptualisation d'une théorie de la création de jardin en tant que telle, c'est-à-dire qui ne se réduise pas au projet du jardin architectural, est encore aujourd'hui problématique (Hunt 2000). Cette histoire en tête, nous pensions alors pouvoir mieux échanger avec la créatrice, elle-même rassurée par notre nouvelle approche. Pour autant, et malgré cette bonne volonté partagée, nous nous sommes très vite heurté à un silence embarrassé d'Éliane, qui ne savait pas comment répondre à nos questions, puis à la difficulté de l'usage du langage botanique quand elle commença à essayer de nous transmettre quelque chose de son rapport au jardin...

Construire une identification partagée de la densification n'est donc pas chose aisée et il est probable que notre posture de chercheur fut déterminante. C'est en effet le travail d'enquête sur les langages de création qui permit d'avancer dans cette direction.

Notons que la réflexion ne porta pas sur le « style » des créations : cela avait été un temps l'unique discussion avec Solène qui cherchait à vendre ce style aux clients et Éliane s'y était farouchement opposée arguant qu'elle ne souhaitait pas « *coller des étiquettes* » sur sa pratique. Cette fois, à aucun moment, nous ne cherchons à évaluer les « œuvres » en tant que telles. Comme nous l'avons décrit dans la section précédente, l'analyse porte sur le rapport sémio-pragmatique qu'entretient Éliane à son objet de conception, indépendamment de critères d'évaluation stylistique et vise à restaurer une description de son activité adaptée à sa pratique réelle. Cette description n'avait donc pas de valeur normative générale, mais cherchait à rendre compte, localement, des opérations de conception qui permettent à Éliane de se constituer elle-même en tant que créatrice. Une première conséquence de ce travail est d'avoir abouti à une nouvelle formalisation du processus de création des jardins que nous allons maintenant décrire.

Organiser le travail de densification

Comme nous l'avons décrit dans la section précédente, avant la réforme organisationnelle, le processus de création est formalisé par une séquence d'étapes formant un « projet d'étude ». La création est décrite comme l'une de ces étapes, i.e. la troisième (E3). Une fois ce travail fini, la réalisation du jardin est alors considérée comme une suite d'étapes techniques. Le travail sur les rendus de conception permet de comprendre que la plantation ne consiste précisément pas uniquement en un ensemble de tâches *techniques* (T), mais implique également des tâches *artistiques* (A), telles que la mise en scène des végétaux et la scénographie du lieu. Ces tâches artistiques visent à disposer les plantes, ainsi que les autres éléments de conception, de manière à *amplifier* au maximum les multiples effets d'association recherchés.

D'un point de vue managérial, cette analyse implique de repenser le recrutement. Les « jardiniers » ne peuvent alors plus se réduire à des techniciens classiques, mais doivent être capables de comprendre et de poursuivre l'effort de densification sur le terrain. L'entreprise décide alors de recruter deux personnes issues du monde du théâtre pour leur compréhension des enjeux scénographiques lors des plantations. Cette décision, qui aurait pu paraître une hérésie à l'époque où l'entreprise cherchait des « bras » pour muscler son activité de production, va s'avérer un succès car il est plus facile de former ces personnes au jardinage que de former les « ouvrier-paysagistes » à la scénographie. On comprend d'ailleurs mieux la raison pour laquelle Éliane préférait initialement recruter des amis « artistes ».

Cette compréhension concerne également les fournisseurs. Nous avons vu que le *stock de plantes* ne pouvait être géré comme un stock classique de marchandises. À cet égard, nous avons évoqué la crise collective suscitée par l'introduction d'un management des opérations reposant sur une *optimisation de la gestion des coûts et des risques* d'approvisionnement, de stockage et de manutention des végétaux.

Il est intéressant de noter, qu'à ce titre, Éliane collabore depuis les origines de son projet avec un collectionneur de plantes rares, avec qui elle partage une passion pour la botanique d'ornement. Lors de la première phase de rationalisation de l'activité managériale, il avait été question d'abandonner ce fournisseur car il était éloigné géographiquement et souvent plus cher que les gros producteurs pépiniéristes locaux. Or, précisément, ce collectionneur ne joue pas uniquement un rôle d'approvisionnement, mais contribue également à soutenir l'effort de densification d'Éliane. Il a appris à connaître son travail de création, lui sélectionne des végétaux aux propriétés ornementales intéressantes et lui permet de ce fait de régénérer son vocabulaire artistique. La gestion de ce partenariat, mal compris jusqu'ici, devient donc stratégique pour l'entreprise.

Enfin, ayant compris le rôle des textures et des matières dans la pratique scénographique d'Éliane, il devient clair que les « livrables » classiques (croquis, plans…) sont insuffisants pour restituer l'ensemble de ses explorations. L'entreprise décide d'intégrer à tous ses projets de création des visites dans la pépinière (voir plus loin), ainsi que des « planches matières ». Ces planches comportent des échantillons de matière et sont restituées aux clients dans le but de rendre tangible le travail de création réalisé à partir d'associations de textures. Ces associations de textures ne concernent d'ailleurs pas que les végétaux, mais se réfèrent également au choix de nouveaux matériaux (bois, pierres, dalles, écorces broyées…), ainsi qu'aux existants (mur de la maison, sol…).

De nouveaux dispositifs de création et de jugement

Alors que l'espace de création avait été jusqu'ici assimilé à un « bureau d'études » isolé, il apparaît que deux autres espaces sont intimement liés à ce bureau. Il s'agit en fait de la « pépinière de collection » et du « jardin d'exposition ». La restauration de ces deux dispositifs de *conception* et de *jugement* conduit alors à l'organisation d'un atelier de création.

Depuis la création de l'entreprise, le « stock de plantes » est l'un des éléments les plus discutés. Alors qu'Éliane y voyait un « catalogue vivant » utile aux conceptions et dont il fallait valoriser la *variété* et la *rareté* botanique, l'analyse managériale a longtemps considéré la « pépinière » comme un espace de vente impossible à rentabiliser, notamment en raison de sa petite surface et de sa faible visibilité. La phase d'exploration sur les langages de conception montre en fait que cette collection de végétaux est à la fois un moyen pour Éliane de stabiliser une « palette végétale », mobilisable pour les projets de création, et de disposer d'un outil d'inspiration, qui enrichit son vocabulaire de conception.

Comment alors gérer un tel lieu ? Il est désormais clair qu'il ne s'agit plus uniquement de gérer un « nombre de plantes vendues », et, que de nouveaux critères de performance apparaissent. Ainsi, si l'activité de vente de plantes n'est pas du tout contradictoire avec le nouveau modèle d'organisation du lieu, elle ne peut en déterminer la performance. L'un des enjeux de gestion centraux devient alors de constituer et de « régénérer » cette « palette végétale » afin d'étendre le *potentiel de signification* d'Éliane. La Figure 10 illustre et synthétise nos analyses précédentes.

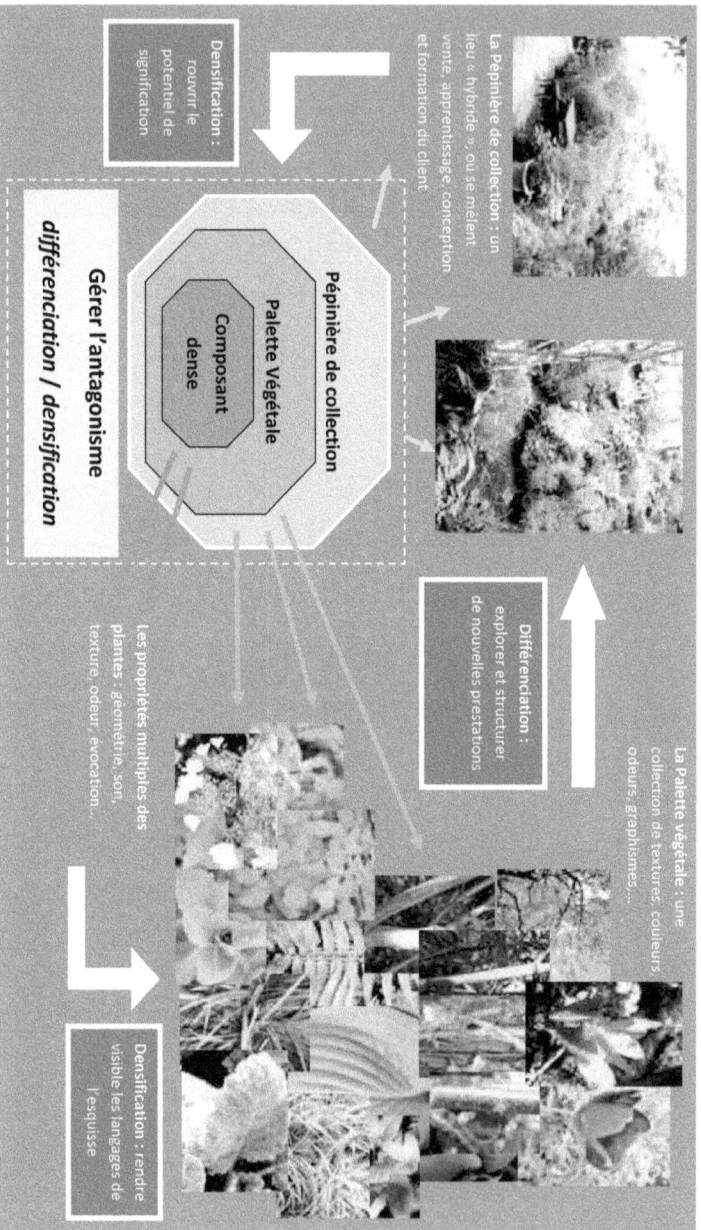

Figure 10 - L'organisation de la « Palette Végétale »

Par ailleurs, le jardin d'exposition est un pilier du projet initial d'Éliane. Ainsi, même si son projet artistique s'est ensuite exprimé dans une multiplicité de créations pour des commanditaires, ce jardin demeure un lieu privilégié pour l'expérimentation personnelle. Éliane ne cesse de modifier certains espaces, de faire évoluer les « scènes » et d'explorer de nouvelles associations issues de ses recherches en pépinière. En fait, là où la Palette végétale permet à Éliane de régénérer son « vocabulaire de conception », le jardin lui donne la possibilité de tester de nouvelles règles d'associations. Autrement dit, ce dispositif lui permet cette fois de revisiter ses propres « règles de composition » de jardin, chose qu'il n'est pas toujours facile à organiser lors des commandes de clients. Mais du point de vue de l'entreprise : comment valoriser ce lieu et ces expérimentations ? Comment les financer ?

S'appuyant sur la compréhension du travail de densification, il est décidé d'organiser des événements artistiques en nom propre pour le rendre visible à l'extérieur et l'amplifier. D'une part, l'entreprise ouvre ses portes à des artistes pour qu'ils se produisent, testent ou exposent des réalisations[34]. Des musiciens, des peintres, des sculpteurs ou encore des designers viennent présenter des œuvres lors de ces « portes ouvertes ». D'autre part, la société organise un festival annuel de deux jours. Différents artistes sont invités à présenter ou improviser des œuvres dans le jardin d'exposition. Les horizons sont divers : arts visuels, défilés, concerts, danse, poèmes, contes, installations électro-acoustiques, courts métrages... Éliane présente elle-même ses créations (jardin d'exposition, book,...) et expérimente avec d'autres artistes des « scènes croisées » dans le « laboratoire d'atmosphères ».

La Figure 11 montre un travail réalisé sur le concept de « jardin sonore » mené avec un créateur d'instruments et qui visait à explorer une dimension souvent négligée dans la conception de jardin : le son. Pour ce type d'événement, le public est sélectionné, car sa réaction doit ensuite permettre de retravailler ces expérimentations. Il ne s'agit donc pas uniquement de « marketing événementiel », mais d'expérimentations qui permettent d'étendre la puissance d'exemplification de la créatrice de jardin.

---

[34] L'organisation opérationnelle (communication, accueil public,...) est alors en partie à la charge des artistes invités et la société couvre ses frais d'ouverture en prélevant un pourcentage des ventes réalisées.

Figure 11 – Exemples d'explorations sur le concept de « jardin sonore »

Photos : G. Meguerditchian

Ce dispositif permet donc de tester des collaborations très exploratoires, qu'il serait risqué d'expérimenter dans un contexte commercial classique. Les apprentissages réalisés lors de ces événements sont ensuite réutilisés lors d'expositions florales diverses, où le public est cette fois moins préparé. L'idée est d'évaluer si les expérimentations ont un potentiel de séduction ou non. L'exemple retenu dans la Figure 12 montre un stand scénographié en partenariat avec une artiste, sculpteur sur métal, présenté lors d'une telle exposition.

Figure 12 - Un stand scénographié en collaboration avec une artiste sculpteur sur métal

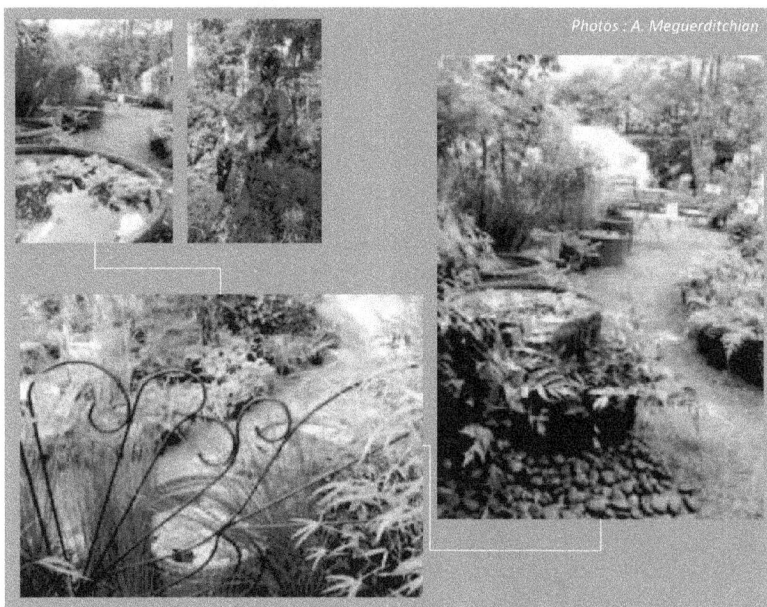

Cette scène issue du « laboratoire d'atmosphères » du jardin d'exposition a ensuite été proposée, en tant que prestations de scénographies végétales à une agence événementielle. La Figure 13 présente la réalisation menée à l'Institut du Monde Arabe.

79

Figure 13 - Une scénographie végétale à l'Institut du Monde Arabe

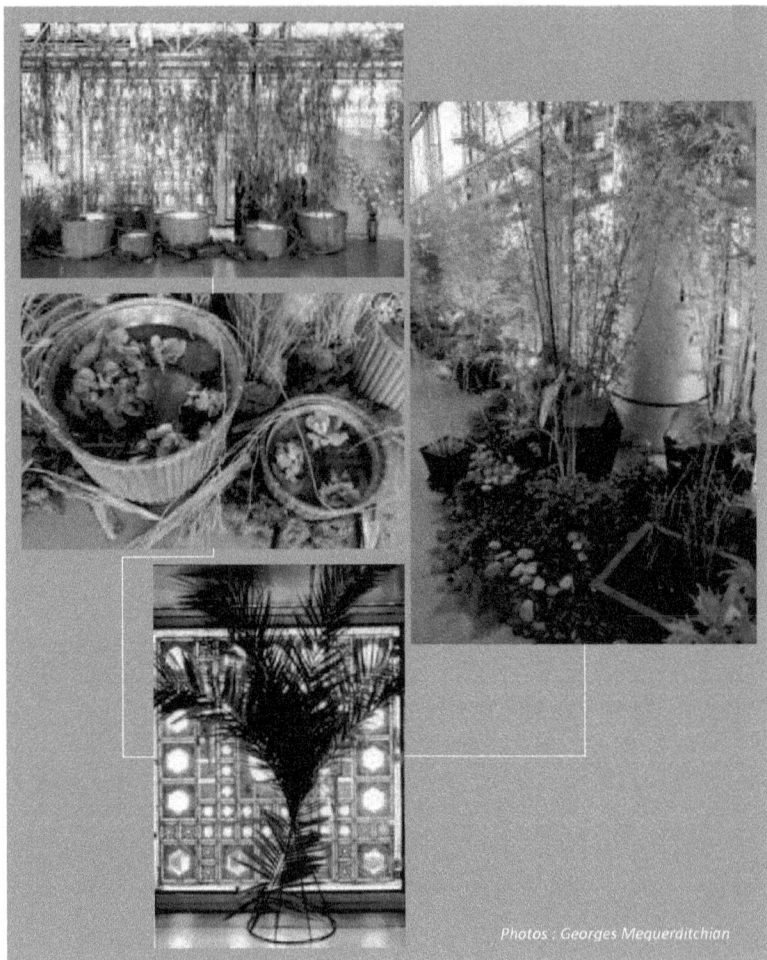

Photos : Georges Mequerditchian

La Figure 14 synthétise la logique générale de l'organisation du laboratoire d'atmosphères aux prestations de scénographies :

Figure 14 - L'organisation du jardin d'exposition

Gérer les multiples postures du client

L'analyse des langages de conception a permis de mieux comprendre le fondement des difficultés rencontrées sur l'espace de jugement. En effet, si Éliane mobilise une multiplicité de « propriétés signifiantes », ces dimensions ne sont pas nécessairement *perçues* pas les clients. Beaucoup ne considèrent ainsi pas que la *texture* ou le *son* peuvent être des *dimensions de conception* sur lesquelles Éliane tente de créer des effets d'associations. Comment alors rendre visible ces dimensions ? Comment éduquer le « regard » du client ? Ces questions révèlent pourquoi Éliane ne délègue pas les réunions de restitution d'étude et éclaire ce qui se cache derrière les heures de conception « hors bureau ». Ainsi, sans ses commentaires oraux et sans les visites complémentaires, qu'Éliane organise en dehors du « bureau d'étude », la valeur de son travail n'est généralement pas perçue. Autrement dit le temps « hors bureau » sert en fait à *évaluer* et *construire* le « regard » du client au cours du processus de création.

Nous avons vu que la phase de « rencontre » chez le client (E1) semble aller plus loin qu'un simple contact « commercial ». Il apparaît alors que, durant cette phase, Éliane tente en fait d'évaluer un *potentiel de conception* qui dépend autant de *l'objet* à concevoir, que de la *relation* avec le client lui-même. Ainsi, lors de la première rencontre, en sus d'observer le jardin existant, Éliane questionne le client sur sa « *pratique du lieu* » : y a-t-il des espaces qu'il affectionne particulièrement, ou au contraire, d'autres où il ne va jamais ? De quoi aurait-il envie ? De quel type d'ambiance ? Pour y faire quoi ? Ces questions peuvent paraître classiques pour un projet de jardin et elles le sont d'ailleurs en partie. L'originalité de cet échange vient surtout de l'utilisation des souhaits du client. En effet, loin d'utiliser ces souhaits comme des spécifications *en tant que telles* pour établir un « cahier des charges », Éliane se sert de cet échange afin d'*évaluer* la capacité du client à « *pouvoir imaginer son jardin* ». Ces informations lui permettent alors de prévoir de « *lui montrer d'autres choses pour se libérer de certains blocages* ».

La première rencontre est donc en fait cruciale, car elle permet d'évaluer le « regard » du client. Or cette, évaluation révèle souvent que le client n'a en fait aucune idée précise sur ce qu'il recherche, ou au contraire, qu'il a des idées tellement « préconçues » qu'elles risquent de limiter la création. En d'autres termes, la relation de co-conception dépend nécessairement de la connaissance de départ du client. Certains clients, « experts » en botanique, ou encore, certains « collectionneurs » de plantes, sont des partenaires bien souvent plus faciles à intégrer dans un projet de création qu'un néophyte, principalement en raison du rôle que joue la botanique dans la pratique de création d'Éliane. Il apparaît dès lors qu'une relation de co-conception n'est en général jamais donnée, mais toujours *à construire*.

Il apparaît alors que les visites du jardin d'exposition peuvent jouer un rôle dans ce processus. Éliane nous confie : « *Les clients arrivent souvent avec plein de doutes et d'a priori. Ils me disent : 'oh, mais nous, nous avons un très petit jardin ! Nous ne pouvons pas avoir ce genre de composition...' ; et là je leur demande : ' à votre avis quelle est la surface de cet espace ?' Ils sont souvent très surpris d'entendre la réponse !... C'est un peu l'introduction de la visite, car ensuite ils changent d'attitude et j'essaie de leur montrer qu'on peut s'approprier un lieu différemment. Car, que ce soit dans la conception ou dans la contemplation d'un jardin, on est loin d'être obligés de s'arrêter aux dimensions habituelles. Personnellement, je laisse fonctionner mon imagination et les perspectives ne se réduisent pas à ce que 'dit' le plan : qu'est-ce qui m'empêche d'imaginer que tel chemin ne se poursuit pas à l'horizon ? Rien... Mon jardin est justement composé pour encourager ce travail d'imagination. J'essaie autant que possible de donner un 'mouvement' au lieu, de créer des circulations et des cheminements qui 'racontent des histoires'. Lorsque les clients viennent pour un projet de création, les visites de jardin servent à ça. Ce travail serait impossible à faire à partir de photos. Il faut l'expérimenter en situation.»* Autrement dit, si la Palette végétale peut permettre de donner le « solfège » de base aux clients, le Jardin d'exposition offre quant à lui la possibilité de leur faire expérimenter de nouvelles formes d'appropriation de l'espace.

Là où les postures classiques du client (spécificateur, validateur, financeur...) renvoient principalement à la figure historique du « maître d'ouvrage » de la tradition architecturale, l'organisation des nouveaux dispositifs de jugement (palette végétale, jardin d'exposition...) fait apparaître une gamme étendue de postures, allant de l' « apprenti », au « co-concepteur », en passant par le « regardeur » (voir Tableau 6). Loin d'être superflues, ces nouvelles postures sont absolument nécessaires au bon déroulement des processus de co-conception. D'ailleurs, les clients qui refusent de changer de posture et qui imposent une relation de co-conception insoutenable pour l'artiste, ont été identifiés comme des « clients toxiques » pour l'organisation. Nous avons illustré l'un de ces cas précédemment (cf. le cas de « Louis ») et montré comment ce « client toxique », en imposant un régime de spécification et de validation très poussé, avait en fait écrasé la valeur du travail d'Éliane. Un « client toxique » est en fait un client qui *ne reconnaît pas la chaîne signifiante de l'artiste et qui empêche les opérations de densification, constitutives de la mise en sujet artistique.* On comprend dès lors mieux le caractère très « éprouvant » de ce type de clients, ainsi que la nécessité d'en préserver l'artiste.

Tableau 6- Une gamme étendue des « postures du client »

Postures classiques	Difficultés pratiques	Nouvelles postures à construire
Spécificateur : cherche à spécifier les objets de l'exploration en donnant des « idées » de départ	Pas de perception *a priori* de la chaîne signifiante de l'artiste et idées souvent en décalage. Possibilité de « clients toxiques », dont il faut préserver l'artiste	« **Apprenti** » : former le client à la chaîne signifiante de l'artiste, lui rendre visible les multiples dimensions de la conception, évaluer et refuser les « clients toxiques »
Validateur : valide les différents rendus du travail de conception	Cherche à figer très vite des axes d'exploration, minimisation du potentiel de densification	« **Co-concepteur** » : lui donner des connaissances permettant de participer à l'exploration de son jardin
Financeur : donne les ressources du projet	Cherche souvent à limiter les frais d'étude, a peur des explorations dont il ne voit pas toujours la valeur, s'attache aux coûts de production du jardin...	« **Regardeur** » : construire le « regard » du client, lui restaurer de nouveaux espaces de valeur possibles, de nouveaux usages ...

Densification et mise-en-sujet artistique

Pour conclure cette illustration, nous avons choisi de revenir sur la représentation du *lieu de travail* d'Éliane. La Figure 15 montre ainsi l'évolution de la représentation collective de son lieu de travail depuis la création de la société en 2003 jusqu'à l'organisation de l'« Atelier de conception » en 2007. Nous souhaitons ici attirer l'attention du lecteur sur la distinction symbolique entre « espace privé » et espace réservé à l' « entreprise ». L'évolution représentée sur cette figure n'est alors pas neutre et il est intéressant de noter l'apparition du projet de création d'un « Atelier de conception », hors de l'espace « privé ». Le choix d'appellation de ce nouveau lieu de travail n'est pas non plus insignifiant. D'une part, l' « atelier de conception » a été conçu afin d'être en connexion avec les deux autres dispositifs de *conception* et de *jugement* : la palette végétale et le laboratoire d'atmosphères. D'autre part, il possède déjà d'autres attributs que ceux d'un « bureau d'étude » classique, comme par exemple le fait d'être un lieu de formation du client, d'organisation d'événements artistiques, d'expositions...

Autrement dit, il nous semble que d'un point de vue symbolique, l'« atelier de conception » est un résultat illustratif d'un découplage réussi *entre* « *identité* » *et* « *activité* » *de l'artiste*, qui a été une condition nécessaire à la conduite de la réforme organisationnelle d'Hamadryade. En effet, du fait de son emplacement physique, son « bureau » a longtemps été considéré comme un espace « *personnel et intime* ». Les activités s'y déroulant ont de ce fait, elles aussi, longtemps été écartées du champ d'action managérial et, à titre de manager, nous ne sommes intervenus sur cet espace que tardivement, alors qu'il était frappé par une crise sérieuse. À cette époque, aucune discussion ne s'était engagée sur la logique de création d'Éliane et cette activité semblait alors si personnelle, qu'elle se confondait avec son identité artistique. En ce sens, l'activité artistique ne paraissait pas pouvoir être décrite dans un langage extérieur, qui plus est managérial.

Or la distinction opérée collectivement entre les tâches dites de « création », à préserver de l'action managériale, et les tâches dites « techniques », à rationaliser, était en fait déjà fondée *implicitement* sur une représentation inadéquate de l'activité de création; celle de l'architecte. Cette difficulté montre selon nous que « préserver » l'activité de création de l'action managériale suppose nécessairement qu'on la décrive *a minima*. Or cette description minimale n'est pas forcément adaptée et peut conduire à des crises collectives. A l'inverse, l'étude sur les dispositifs et rendus de création a permis de restaurer des langages de conception « denses ».

Ces éléments suggèrent donc qu'une analyse de l'activité de création, loin d'écraser nécessairement l'identité de l'artiste, peut permettre de soutenir son activité. Ceci suppose en revanche que le découplage entre l'activité et l'identité de l'artiste préserve les opérations de densification. Ce sont elles qui supportent la *mise-en-sujet artistique*.

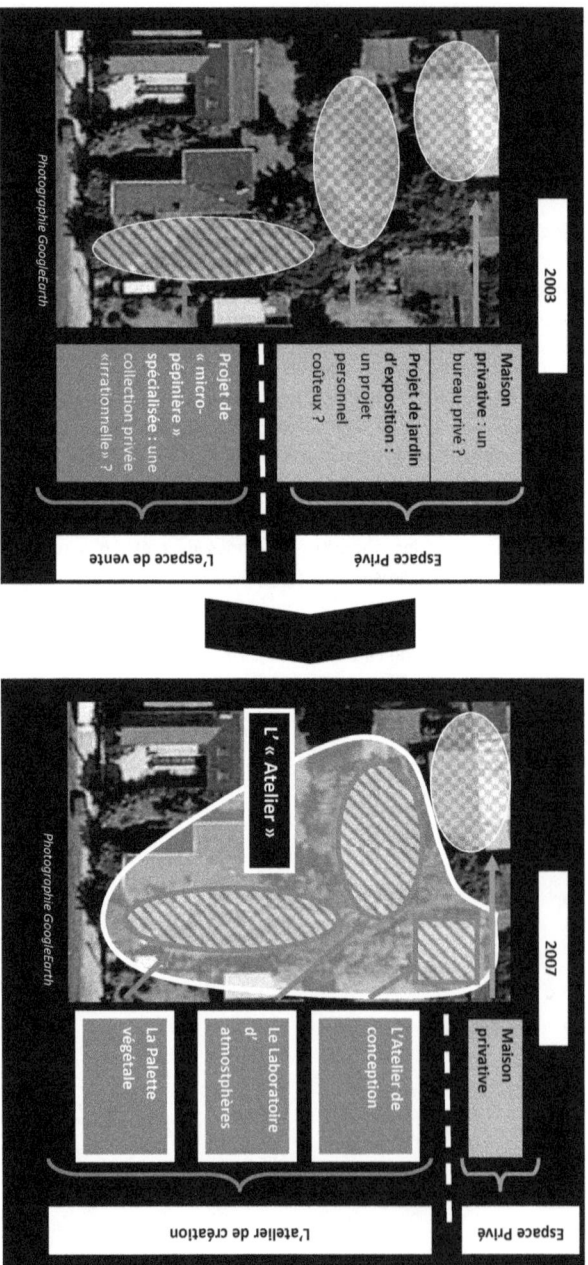

Figure 15 - L'évolution de la représentation du lieu de travail de l'artiste

2003

Photographie GoogleEarth

Maison privative : un bureau privé ?

Projet de jardin d'exposition : un projet personnel coûteux ?

Projet de « micro-pépinière » spécialisée : une collection privée «irrationnelle» ?

Espace Privé

L'espace de vente

2007

Photographie GoogleEarth

L' « Atelier »

Maison privative

L'Atelier de conception

Le Laboratoire d' atmostphères

La Palette végétale

Espace Privé

L'atelier de création

Gérer la dynamique des entreprises de création

La partie précédente s'est intéressée aux aspects structuraux des référentiels de création, ainsi qu'aux implications pratiques que l'on peut dégager pour conduire leur structuration au sein d'une entreprise de création donnée. Cette partie va chercher à aborder les aspects dynamiques des référentiels de création et visera cette fois à fournir des implications pratiques pour la gestion des trajectoires de croissance des entreprises de création. Si nous avons retenu une approche sémio-pragmatique dans la partie structurale de ce livre, nous allons nous inspirer ici des théories morphodynamiques des structures de signification. Nous utilisons ainsi le terme d' « attracteur étrange », issu de la « Théorie des catastrophes » du mathématicien René Thom. Nous sommes bien conscients que l'usage est ici métaphorique. Pour un usage approfondi de cette approche, on peut se reporter aux travaux de Jean Petitot (1992, 2004) et Gaëtan Desmarais (1998).

Deux attracteurs étranges : banalisation vs totalisation

Hypothèses sur la dynamique

A partir de notre travail précédent sur la structure des référentiels de création, nous proposons de poser comme hypothèse que la dynamique des entreprises de création peut se décrire par deux facteurs principaux : *l'identification partagée*[35] *de la densification* (axe des abscisses) et le niveau d'*effort de structuration de la fonction managériale différenciée* (axe des ordonnées), qui joue d'ailleurs ici le rôle de « *splitting factor* », au sens de la théorie des catastrophes. Cette proposition aboutit à établir la Figure 16.

Figure 16 - Les axes du graphique

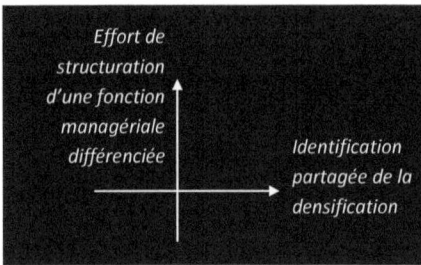

En termes de détermination qualitative du système dynamique, nos hypothèses sont représentées sur la Figure 17. Les cases 1 et 2 correspondent à des états du système, où notre modèle prédit des crises collectives :

- Case 1 : la densification n'est pas partagée et l'effort de structuration d'une fonction managériale est important.

- Case 3 : la densification est partagée, mais il n'y a pas de structuration d'une fonction managériale suffisante.

Les cases 2 et 4 correspondent quant à elle à des zones d' « équilibre » du système :

- Case 2: correspond à une situation où l'artiste est seul et où il ne parvient pas à faire reconnaître ses opérations de densification, voire, où il ne sait lui-même pas encore très bien se situer artistiquement. Cette case correspond donc à un autre espace qualitatif du système, que l'on peut interpréter comme la situation d'un « artiste

---

[35] Le partage de la densification n'implique pas uniquement le manager, mais également les autres acteurs de l'espace de jugement (clients, critiques, autres artistes…)

maudit » ou « incompris », *a priori* seul, ou avec un « agent » très extérieur et qui ne comprend pas son travail de création. Cette zone d'équilibre est donc, soit « instable » (l'artiste se sort de ce « cloaque »), soit « mortifère » (l'artiste finit par abandonner ou se replier sur lui) pour l'artiste.

- Cas 4 : correspond à une situation, où l'artiste a su structurer une fonction managériale différenciée, tout en préservant et en partageant son espace de densification. Il s'agit donc d'un équilibre plus « stable » que la case 2. Qualitativement, cette zone correspond donc plutôt à la situation d'une entreprise de création « mature », où la gestion est prise en charge par un manager comprenant la chaîne signifiante de l'artiste et sachant la gérer. Le modèle n'interdit toutefois pas de penser que la case 4 corresponde également, à la situation d'un artiste, qui a su développer des compétences de gestion particulières et qui parvient à gérer seul sa carrière.

La droite diagonale, en pointillés blancs, oriente le graphique et illustre une trajectoire de « croissance » rectiligne de la case 2 (instable et mortifère) vers la case 4 (stable et saine).

Figure 17 – Quatre zones qualitatives du système dynamique

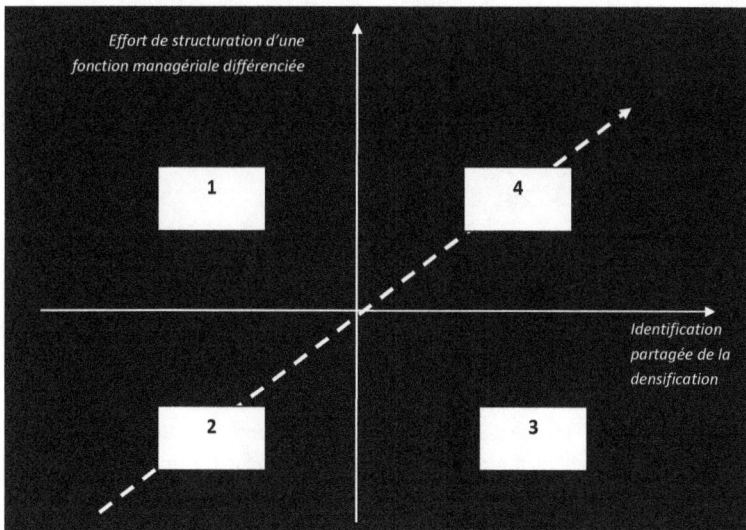

Enfin, pour faire suite à notre conceptualisation de l'antagonisme entre régimes de différenciation et de densification, nous supposons l'existence de deux « attracteurs » (zones grises), au cœur de la tension entre activités artistique et commerciale. Il nous semble que ces « attracteurs » correspondent aux deux risques de « banalisation » et de « totalisation », conceptualisés par Guillet de Monthoux (2004), Ainsi, au niveau de la zone grise de la case 1, l'entreprise de création risque d' « imploser » en banalisant son offre. À l'inverse, dans la zone grise de la case 3, l'entreprise de création risque d' « exploser » et l'artiste peut par exemple quitter l'entreprise pour organiser seul son propre espace de densification ; mais il risque alors de manquer de ressources et de capacités à organiser son travail. Ces effets d'attractions sont représentés sur la Figure 18.

Figure 18 – Dynamique et effets d'attraction

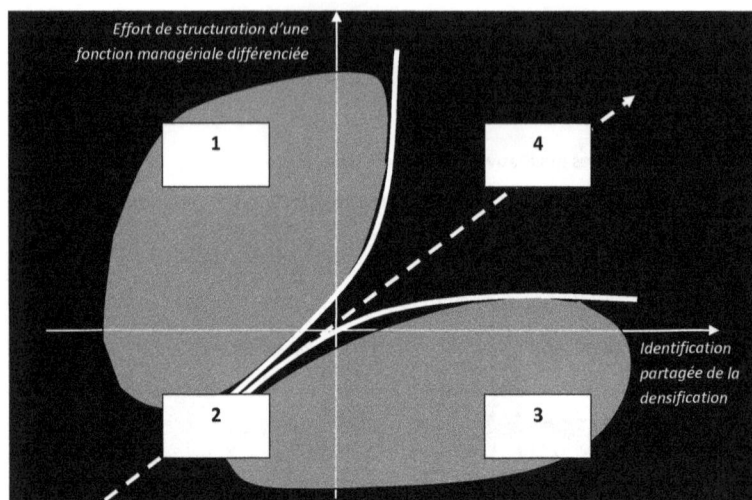

L'ensemble de ces hypothèses nous permet d'aboutir à un schéma final d'interprétation des *dynamiques générales de croissance des entreprises de création* (Figure 19). La section suivante détaille les quatre cas complémentaires utilisés pour illustrer (et non valider) l'intérêt de ce schéma conceptuel.

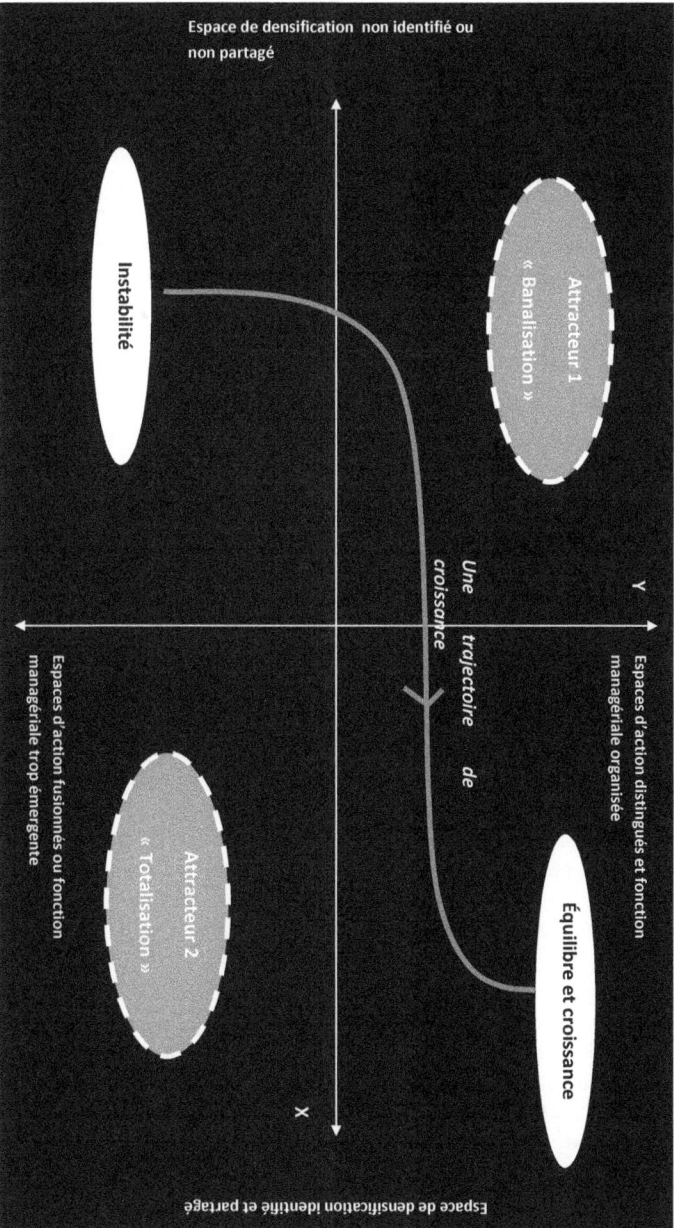

Figure 19 - Un schéma conceptuel de la dynamique des entreprises de création

Quatre histoires complémentaires d'entreprises de création

Dans cette section, afin d'illustrer l'intérêt de notre cadre d'analyse des dynamiques des référentiels de création, nous présentons quatre cas complémentaires étudiés au cours de notre enquête. Pour chacun d'entre eux nous nous sommes particulièrement intéressé aux changements structuraux portant sur les espaces de conception et de jugement des référentiels de création considérés. Notre analyse déborde souvent l'histoire particulière de l'organisation considérée et s'attache, autant que se peut, à restaurer des trajectoires allant des premières origines des projets, jusqu'à leurs évolutions les plus récentes, lorsqu'elles étaient éclairantes pour notre propos.

Présentation générale des cas

Les quatre cas retenus sont les suivants :

- **Atelier phare :** Diplômé de l'École Estienne en 2000 (école formant à la communication et aux industries graphiques), Fabrice a une activité de graphiste illustrateur depuis 2001. Ses clients sont plutôt des acteurs culturels et des entreprises de services intellectuels (agence d'architecture, cabinet d'avocats, juristes...). En 2004, il s'associe à Yelka, une autre graphiste-illustratrice diplômée de l'ENSAD (Ecole Nationale Supérieure des Arts Décoratifs) afin de fonder « Atelier Phare », un collectif d'artistes. Ce projet n'aboutira finalement pas à la forme d'organisation prévue.

- **Forge production :** Fondée en 2002 sous la forme d'une association 1901, puis transformée en 2005 en société de production (SARL) par des anciens élèves de l'ESRA (Ecole supérieure de réalisation audiovisuelle) dont Cédric, Forge produit des films de fiction courte, principalement orientés sur les genres du fantastique, de l'aventure, du policier. Elle a reçu plusieurs prix internationaux pour ses fictions et, fait rare dans le milieu du « court-métrage », elle a édité une compilation de ses productions, qui a été distribuée à l'échelle nationale en 2007. Outre cette activité de production, Forge propose des prestations de services (ex : publicité, DVD, clips musicaux, graphisme,...) pour des organisations privées et des collectivités territoriales.

- **Bc-Bg :** Fondée en 2003 à l'initiative de Bernard et Bruno, Bc-Bg est une société (SARL) qui conçoit et réalise des « concepts scénographiques » pour le compte d'entreprises privées et de collectivités territoriales prestigieuses comme *LG*, *Peugeot*, *Senseo*, *La Nuit blanche* (Ville de paris) ou le *Parc du Futuroscope*. Nous retracerons la trajectoire qui a conduit les deux fondateurs à la création de l'entreprise, puis nous étudierons l'évolution de la structure jusqu'à aujourd'hui.

- **Le Théâtre Artistique de Moscou** (TAM) : Le TAM a été fondé en 1898 par Konstantin Stanislavski et Vladimir Nemirovic-Dantchenko. En quelques années, il est devenu l'un des hauts-lieux de la création théâtrale russe et européenne. Par suite, il est à l'origine de transformations radicales dans la conception de la mise en scène et du jeu des acteurs. À cet égard, l'histoire a surtout retenu le nom de Stanislavski, qui s'est imposé comme un artiste et un théoricien de la formation de l'acteur (Stanislavski 2001). De nombreux acteurs contemporains se sont d'ailleurs explicitement réclamés de la « Méthode », doctrine théâtrale dérivée du « système » de Stanislavski et défendu par les théoriciens de l'*Actors Studio*. À partir de la monographie de Chevrel (979) et du travail de Guillet de Monthoux (2004), nous réinterprèterons les victoires et déboires de la collaboration entre Stanislavski et Nemirovic de 1898 à 1917.

Le Tableau 7 résume les types de cas retenus et les périodes étudiées :

Tableau 7 - Synthèse sur la présentation des cas

Cas	Fondateurs principaux	Activités commerciales	Date de création	Période étudiée
Atelier phare	Fabrice et Yelka	Design graphique	2001	2001-2008
Cinémano	Cédric	Production audiovisuelle	2002	2002-2008
Scénolux	Bernard et Bruno	Scénographie	2003	2003-2008
TAM	Stanislavski et Nemirovic	Théâtre	1898	1898-1917

Méthodes d'enquête

L'objectif étant de reconstituer des dynamiques, nous avons couplé plusieurs types de méthodologies qualitatives. D'une part, dans chacun des cas nous avons procédé à une analyse longitudinale (Thiétart 2007). Les données ont ainsi été recueillies sur une période allant de 2004 à 2008, systématiquement avec les mêmes interlocuteurs, que nous avons eu la chance de pouvoir suivre au fil du temps. Ceci nous a permis de comprendre les grands changements opérés au cours du temps et de reconstruire des trajectoires allant de l'émergence de la structure jusqu'à aujourd'hui. Nous avons systématiquement couplé ces entretiens avec des séances de restitution, afin de valider avec nos interlocuteurs les éléments que nous avions retenus pour notre travail. En outre, nous avons essayé autant que possible de recouper les données entre les différents entretiens, ainsi qu'avec d'autres personnes de l'organisation lorsque cela était possible (Yin 2003).

D'autre part, nous avons conduit des entretiens semi-directifs avec les responsables de l'organisation. Plus précisément, nous sommes passé d'une démarche d'entretien dite « créative » à une démarche d'entretien dite « active » (Thiétart 2007). Les premiers entretiens ont débutés en 2004. Ils ont d'abord porté sur quatre thèmes généraux : les méthodes de gestion des projets, les raisonnements de conception, les logiques d'apprentissage et l'histoire de l'entreprise et de la tradition artistique considérée. Ces entretiens ont été peu structurés et avant tout heuristiques. Ils ont permis de cerner l'historique, l'activité, ainsi que des éléments structuraux du référentiel de création des entreprises étudiées.

Puis nous avons conduit une seconde série d'entretiens, davantage focalisés sur la nature de l'action managériale au sein des structures considérées. Quand cela a été possible nous avons consulté et étudié les documents de travail des organisations étudiées pour étayer nos analyses. Par exemple, dans le cas de Forge Production, nous avons eu accès à de nombreux documents allant des ébauches de scénarios aux prototypes de montage, en passant par les documents contractuels et comptables, ou encore les documents d'organisation (comptes rendus de réunion, fiches techniques, planning de tournage, fiches décor...).

Ajoutons que pour chacun des cas nous avons conduit une recherche historique complémentaire sur l'émergence et la diffusion de la pratique artistique considérée. D'un côté, ces éléments ont permis de stimuler les discussions avec les acteurs et ont contribué à la richesse des échanges notamment lors de la première phase d'entretiens. D'un autre côté, cette recherche nous a permis de saisir la dynamique du référentiel artistique concerné, ainsi que les grands langages de conception où se jouait la densification.

Enfin, quand cela a été possible, nous avons assisté et participé à l'activité des organisations étudiées. Par exemple, dans le cas d'Atelier Phare, nous avons pu suivre un projet d'identité visuelle du début jusqu'à la fin en prenant part aux réflexions de Fabrice à propos de sa commande. De même, dans le cas de Forge Production, nous avons pu accompagner les évolutions de l'organisation et avons participé, par moment, à des réunions de stratégie avec Cédric. Ce type d' « observation participante » nous a permis d'approfondir les entretiens et, en allant au-delà du discours des acteurs, de mieux saisir la dynamique de leur pratique, ainsi que les problématiques liées à leur activité, dont ils n'avaient pas toujours pleinement conscience au début du projet.

Le Tableau 8 résume les méthodologies employées pour chacun des cas empiriques :

Tableau 8 - Synthèse des méthodologies utilisées pour les cas empiriques

Cas	Analyse longitudinale	Entretiens semi - directifs	Étude documentaire	Observation participante
Forge production	Oui	Oui	Oui	Oui
Atelier phare	Oui	Oui	Oui	Oui
Bc-Bg	Oui	Oui	Non	Non

Enfin, puisque les variables de « temps » et d' « histoire » sont centrales dans ce travail d'enquête, nous avons choisi d'étudier un cas historique issu de la littérature : le Théâtre Artistique de Moscou (TAM). Ce cas est traité par Guillet de Monthoux (2004) dans *The Art Firm* à partir d'une monographie historique réalisée par Chevrel (1979). Tout en nous inspirant de la voie ouverte par Guillet de Monthoux, nous sommes reparti du document monographique initial. Lorsque cela a été nécessaire, nous avons complété cette étude monographique par d'autres recherches historiques. Par exemple, en ce qui concerne l'histoire de la mise en scène, nous avons utilisé le livre dirigé par Jacques Aumont (2000).

Atelier phare

En 2001, après une première expérience en agence, Fabrice décide de s'inscrire à la *Maison des artistes* (MDA) et de débuter une activité commerciale de graphiste illustrateur *free lance*. En effet, tant sur l'espace de conception, que sur l'espace de jugement, le modèle de l'agence ne semble pas convenir à son projet :

- Sur l'espace de conception : la création d'une identité visuelle passe par de nombreuses étapes (*brief*, établissement du concept, prototypes, fabrication…) et se manifeste sur de multiples supports (logo, affiche, couverture, emballage…). Dans les agences, ce qui se nomme alors la « chaîne graphique », est très articulée. Fabrice déclare à ce propos : « *Dans les grandes 'agences', on ne peut pas suivre ses projets du début jusqu'à la fin. Au niveau de la conception ce sont les « DAS »* [Directeurs Artistiques Seniors] *qui donnent les directions importantes et les graphistes ne font ensuite pratiquement qu'appliquer leurs directives. Au niveau de la réalisation on ne peut pas non plus suivre l'évolution du projet et ce sont les infographistes qui en ont la charge. En résumé, à moins d'être un DAS, la place de l'expression personnelle est assez réduite dans ce type de structure… Or, ce type d'évolution hiérarchique peut prendre des années et ne durer que quelques mois, compte tenu des modes de gestion des carrières et de l'érosion rapide des codes graphiques.*»

- Sur l'espace de jugement : comme le montre l'Encadré 1, le « graphisme d'auteur » n'est pas encore pleinement reconnu en France. Les agences tendent donc à mettre en avant des prestations techniques, plutôt que des prestations artistiques. A ce titre, Fabrice déclare : « *Dans les agences, la relation client est toujours du ressort du 'commercial' voire, selon les cas, du DAS, si bien qu'en tant que graphiste, on ne sait jamais en direct ce que 'veut' initialement le client ou ce qu'il 'pense' du travail accompli. C'est très frustrant... Parfois, lorsqu'il y a un refus, on se dit que le commercial n'a peut-être pas bien défendu le projet, qu'il a cédé pour ne pas risquer de perdre le client et pour conclure l'affaire, alors qu'il aurait peut-être été possible de démontrer au client que les choix initiaux étaient les bons... Cela n'encourage pas la prise de risque, ni l'originalité, et les systèmes d'évaluation internes valorisent en fait davantage le nombre d'affaires remportées, que la qualité des créations.* »

Face à ce sentiment de bureaucratisation et de technicisation des prestations de services, Fabrice choisit une autre trajectoire pour développer un projet artistique plus personnel. Décrochant un contrat avec un orchestre symphonique prestigieux et il conquiert ensuite plusieurs clients dans le secteur culturel. Son book intègre des peintures et dessins personnels (Figure 20) et ses clients sont sensibles à ce travail de création. Il s'estime ainsi « chanceux » : « *Je n'ai pas connu les premiers mois, ou les premières années de galère, lorsqu'on est sans client, et qu'on est parfois obligés d'accepter n'importe quel projet, à n'importe quel prix pour pouvoir survivre...* ».

Figure 20 - Extraits du book de Fabrice

Mais les premiers clients ne sont pas suffisants pour assurer des rentrées satisfaisantes et Fabrice décide de développer sa clientèle, ainsi que de diversifier son *book* trop orienté «secteur culturel» selon lui. Alors partisan d'un « *graphisme pour tous* », il s'adresse en premier lieu à de nouveaux segments de clientèle, *a priori* non sensibilisés à sa profession. Mais il se heurte alors à des chefs d'entreprise qui ne perçoivent pas l'intérêt de son travail de création et qui lui reprochent d' « *être cher et de ne pas aller à l'essentiel* ».

Échaudé par ces réactions, il se recentre alors sur sa cible initiale et l'élargit aux professions de services intellectuels (architectes, avocats, consultants…), qui connaissent mieux sa profession. Son statut de *free-lance* s'avère cependant problématique pour des projets plus importants. Il déclare: « *Lorsqu'on est en free-lance on n'est pas toujours pris au sérieux lors des appels d'offres. Les commanditaires nous font rarement confiance et ils estiment souvent que nous sommes 'structurellement' incapables de répondre à leur demande* ».

Encadré 1 - Points de repère sur le « graphisme d'auteur » en France

L'histoire : Comparé à d'autres traditions artistiques, le « graphisme »[36] est une pratique assez récente. Comme le rappelle Michel Wlassikoff dans son récent ouvrage, *Histoire du Graphisme en France* (Wlassikoff 2005) : « *L'émergence du graphisme coïncide avec la révolution industrielle. Dans le dernier quart du 19è siècle, sous l'expression « publicité artistique » son rangées des activités nouvelles : dessin d'affiches, conception d'annonces presse, mise en pages d'imprimés promotionnels, etc. Une pratique inédite se fait jour qui procède de la typographie, mais élargit son champ d'application et, en retour, influe sur l'évolution de la lettre, la lisibilité et le rapport entre le texte et l'image* » (Wlassikoff 2005, p.8). Comme dans le cas de l'architecture et des jardins, la *géométrie* est donc d'abord le langage de densification principal et les « belles » lettres du typographe doivent ainsi respecter des règles de formes et de proportions. Puis, d'autres langages de conception se développent et offrent de nouveaux espaces de densification : les matériaux, les couleurs, le rythme le trait.

Le référentiel artistique : en France, la profession de graphiste s'est développée et possède aujourd'hui un statut administratif reconnu par l'état. Les graphistes peuvent ainsi exercer leur activité, en indépendant ou non, au même titre que tous les « artistes-auteurs ». Ils peuvent alors adhérer à la Maison des Artistes (MDA), une association agréée par l'état pour la gestion des assurances sociales des auteurs d'œuvres graphiques et plastiques. Malgré cette reconnaissance institutionnelle, sur le marché des œuvres, le « graphisme d'auteur » peine encore à se rendre visible en France. De nombreux graphistes indépendants sont ainsi amenés à « brader » leurs prestations de création pour trouver des débouchés commerciaux. De la même façon, les grandes « agences de communication », qui sont les autres grands acteurs du marché de la communication visuelle, ont tendance à standardiser leur offre et à mettre davantage en avant les prestations techniques pour séduire leurs commanditaires. Selon les professionnels du secteur, cette évolution générale nuit à la reconnaissance du travail de création du graphiste. François Caspar déclarait ainsi, en tant que président de l'Alliance Française des Designers (AFD)[37], dans un dossier consacré au graphisme en France en 2005[38] : « *De nombreuses agences de publicité ont choisi de minorer le prix de la création et de majorer les marges des postes techniques : fabrication, achat d'espace... Cette facturation est apparemment plus facile à justifier aux yeux de leurs clients. Mais on dévalorise ainsi la création, ce qui génère un double effet pervers : une chute des ressources des graphistes et une demande accrue de prestations techniques de la part d'entreprises et de collectivités territoriales* ». L'AFD a d'ailleurs publié un appel « *Non aux "free pitchings", les appels d'offres non rémunérés* » pour s'ériger contre la dévalorisation montante du travail de création lors des appels d'offres, notamment publics. Ce texte a appelé à la constitution d'une véritable « culture visuelle », qui, selon les auteurs, fait encore défaut en France.

Afin de pouvoir participer à des projets plus importants, Fabrice décide de mobiliser le collectif d'artistes dans lequel il évolue avec sa conjointe, Yelka, également graphiste illustrateur. Les deux graphistes souhaitent ainsi créer une structure pour proposer une offre globale intégrant les multiples prestations du design graphique (typographie, identité

---

[36] Wlassikoff rappelle d'ailleurs que le terme, « graphisme », traduit de l'anglo-saxon « graphic design », recouvre mal la pratique réelle des créateurs et entretient un « *'flou artistique' [qui] atteste qu'en France la conscience de ce qu'est le graphisme a longtemps fait défaut alors même que dans les faits, sa pratique était instaurée de longue date.* » (*op. cit.* p.8)

[37] Cette association a succédé au Syndicat National des Graphistes qui a déposé le bilan en 2001. Elle est un syndicat professionnel pluridisciplinaire, représentant les designers quelles que soient leurs disciplines initiales et quels que soient leurs statuts (sociétés, indépendants, salariés). Elle informe et sensibilise aux problématiques rencontrées par les professionnels, et accompagne ses membres sur le plan fiscal, social et juridique.

[38] Disponible en ligne sur Internet, site : www.cnap.culture.gouv.fr

visuelle, signalétique, média...), tout en ne s'en remettant à chaque fois qu'à des *spécialistes* de la question. Le projet s'appelle « Atelier Phare ». L'idée séduit l'entourage. Pourtant, Atelier Phare est abandonné au bout d'une année pour deux raisons principales. D'une part, aucune structure juridique existante ne paraît pouvoir encadrer leur projet. Les formes de sociétés commerciales classiques (ex : SARL) ne leur permettent pas de conserver leur statut auprès de la MDA ; or aucun des membres du collectif ne souhaite abandonner ce statut, ni devenir un « graphiste employé », comme dans une agence classique. D'autre part, la question de la gestion de cette éventuelle structure, bien que soulevée dès le départ par les fondateurs, n'est à l'époque pas résolue. Aucun des membres présumés de l'organisation ne se sent capable ou n'exprime l'envie de devenir un « administrateur ».

Une délégation de l'activité managériale avec un acteur extérieur, directeur des ventes dans une imprimerie, est alors tentée. Mais celle-ci échoue faute d'une compréhension mutuelle sur la nature des objets à gérer. Fabrice précise à ce propos : « *Il ne comprenait ni notre démarche, ni notre activité. Financièrement intéressé sur les travaux d'impression, il cherchait avant tout à multiplier les commandes à fort volume et négligeait totalement l'intérêt artistique des projets. Nous lui avons pourtant maintes fois expliqué ce que l'on recherchait. Nous avons même été jusqu'à lui prêter des livres de graphisme pour qu'il comprenne ! Mais je crois qu'il ne les a jamais ouverts...* ». Ne pouvant trouver un manager capable de comprendre leur projet artistique et ne voulant pas retomber dans le modèle de l'agence, Fabrice et Yelka préfèrent renoncer à ce projet et choisissent de conserver leurs activités *free lance*. De ce projet, il ne reste aujourd'hui que les traces « graphiques » créées pour l'occasion (plaquette, cartes de visites, brochures...)

À partir de 2005, Fabrice se rapproche alors d'une agence d'architecture. En effet, suite à plusieurs projets graphiques réussis pour une agence d'architecture (logo, carte de visite, brochure, signalétique...), celle-ci propose à Fabrice de mettre à sa disposition un bureau permanent, au siège de la société pour faciliter leur collaboration. D'abord hésitant, il participe à plusieurs appels d'offres avec les architectes et remporte de grands projets de signalétique urbaine. Les projets sont cette fois intéressants tant d'un point de vue financier qu'artistique. En outre, Fabrice dit souffrir de la solitude liée au modèle du *free lance* et déclare manquer d'échanges artistiques dans le développement de sa carrière. Il finit donc par accepter la proposition de l'agence et, en 2008, il déménage son atelier dans l'agence d'architecture, où, tout en conservant son portefeuille de clients et son statut à la MDA, il collabore dorénavant avec de multiples acteurs sur des projets de signalétiques.

Durant la même période, Fabrice se met à organiser des vernissages auxquels l'ensemble de ses clients est invité et où, avec d'autres artistes, il expose des peintures issues de ses explorations artistiques personnelles. Ce type d'événements permet d'organiser de nouveaux espaces de valorisation de son travail de création. Il explique à ce propos : « *Pour moi, ce qui est important dans la relation client, c'est de montrer que je sais 'dessiner'. C'est d'ailleurs pour cela que je fais ce métier et chaque jour, je passe au minimum deux heures à m'exercer... Ces derniers temps, avec l'informatique grand public, notre profession a, à mon sens, connu une dévalorisation et, à un moment, tout le mode s'est dit ' graphiste'. Pourtant, être 'graphiste' c'est autre chose que de savoir utiliser un logiciel ! C'est pour cela que, personnellement, je préfère parfois dire à mes clients que je ne sais pas du tout me servir d'un ordinateur ! Ce qui n'est d'ailleurs pas totalement faux... [Rires] ».*

Forge Production

Encore étudiant à l'ESRA (Ecole supérieure de réalisation audiovisuelle), Cédric monte ses premiers projets de courts-métrages avec un collectif de réalisateurs et amis de promotion. En 2002, le développement de l'activité de réalisation impose de créer une « structure ». Le collectif choisit alors l'association loi 1901, qui paraît la forme juridique la mieux adaptée à leurs projets artistiques. Cédric déclare à ce propos : « *Forge a pris la forme d'une association par la force des choses. Nous avions des camarades de promotion motivés, mais notre ' capital' de départ se résumait à de petites économies personnelles et nous n'avions aucun matériel à notre disposition. L'association constituait donc la structure juridique la plus rapide à créer pour nous permettre de fédérer un collectif autour d'un projet commun et de louer du matériel.* » Mais si le projet d'association apporte une grande satisfaction personnelle, il consomme énormément de ressources et n'en rapporte quasiment pas.

Aussi, parallèlement à Forge, Cédric fonde dès 2001 une entreprise individuelle, afin de s'assurer des revenus financiers personnels (ex : activité publicitaire, films institutionnels...). Notons toutefois, qu'en réalité, il réinvestit tous les bénéfices de son entreprise dans l'association, afin de financer ses projets de fictions. C'est une politique de financement que Cédric a longtemps tenté de maintenir, même si l'organisation a ensuite changé : « *L'argent gagné de mes prestations de service est réinvesti à 90% dans les fictions, d'où la fusion en 2005 de l'association et de mon entreprise au profit de la société de production [Forge]. Mais nous avons eu d'autres ressources pour tourner nos films : mécénat, défi jeunes, région alsace, Drac... sauf le CNC bien entendu* ».

D'un point de vue artistique, cette première organisation est payante et en trois années d'existence Forge réalise une dizaine de courts-métrages, dont certains sont primés dans des concours internationaux (ex : *Gold award* et *Silver award* au festival de Houston). En outre, les projets sont d'une importance notable pour ce type de structure. Cédric déclare : « *Les méthodes de production vont à contre-courant de la production française, puisque Forge réunit souvent des budgets conséquents (entre 15 000 et 45 000 €) avec des équipes frôlant parfois les 100 personnes sur le plateau, grâce à des fonds privés ou bien issus du mécénat, et à de solides sponsorings.* »

En revanche, d'un point de vue commercial, cette organisation montre rapidement ses limites à mesure que le projet se développe. Cédric déclare ainsi : « *La forme associative, bien qu'adaptée à notre mode de fonctionnement interne, est rapidement devenue un handicap lorsque nous nous sommes développés. Par exemple, nous avions des problèmes pour facturer certaines de nos prestations ou pour récupérer la TVA, et surtout, nous n'étions pas du tout perçus comme des 'professionnels'. Les clients ne nous prenaient pas au sérieux... ».* L'association ressent donc des difficultés pour organiser des prestations commerciales et générer des ressources propres. Les ressources dégagées individuellement par Cédric ou ses proches collaborateurs, ne suffisent plus non plus. D'un point de vue personnel, cette situation n'est plus tenable.

Figure 21 - Photographies de tournage, *screenshots*, illustrations (source : Forge)

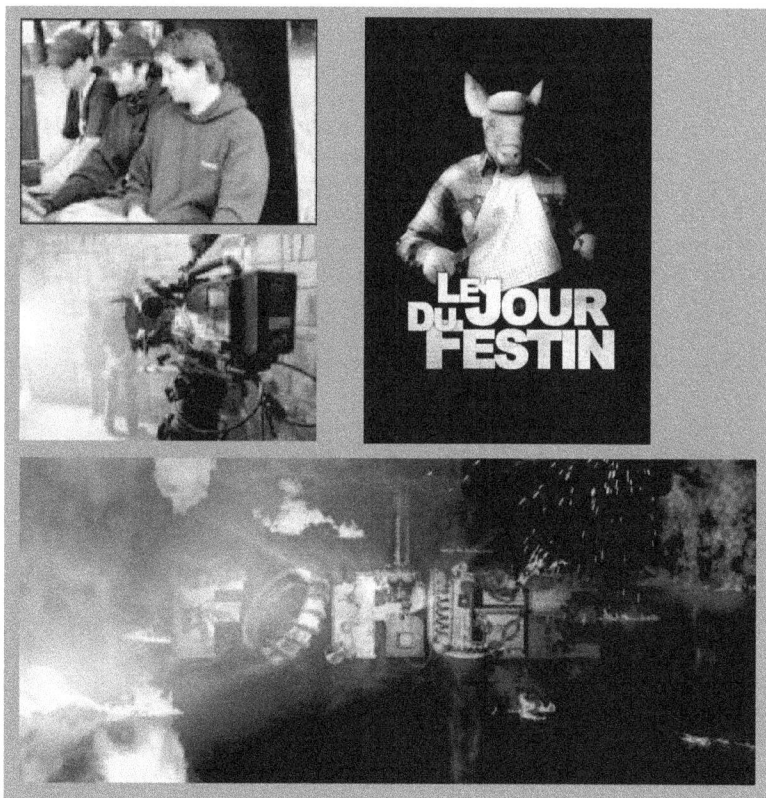

En 2005, Cédric décide donc de créer une SARL avec deux associés, dont il devient le gérant majoritaire. La nouvelle société va alors connaître une croissance en « dents de scie », ponctuée par plusieurs crises importantes. Car si les prestations de services génèrent bien de nouvelles ressources, elles posent en revanche de nombreux problèmes de gestion, auxquels la société n'était pas préparée :

- Sur l'espace de conception : comme nous le détaillons dans l'Encadré 2, la production d'un film implique de très nombreuses étapes et mobilise de multiples langages de conception. Par rapport au fonctionnement associatif et au bénévolat quasi « sacrificiel » de l'époque, la création d'une société vient alors complexifier la gestion de ces projets : augmentation des coûts de production, formalisation de la contractualisation et des modes de recrutements, etc. De surcroît, la société ne dispose pas de locaux et les coûts de coordination deviennent élevés.

- Sur l'espace de jugement : d'une part, au niveau de la *relation client*, Forge est rapidement confrontée à des conflits juridiques et/ou commerciaux d'importance, qui absorbent à la fois beaucoup de temps, d'argent et d'énergie. Tout en constituant une désillusion personnelle pour les fondateurs, ces clients mettent à jour certaines failles dans la gestion des prestations de services, notamment au niveau des processus de contractualisation et de la protection intellectuelle. D'autre part, au niveau des dispositifs de valorisation des productions, selon Cédric, la décision de créer une société devait également permettre « *d'apporter de la rigueur et une lisibilité, pour ouvrir les portes du CNC et des organismes assimilés* ». Pour autant, le CNC n'accorde aucune ressource à Forge et semble pas reconnaître leur travail de création. Pour Cédric : « *En France, l'attribution de subventions pour la production d'un film se fonde presque uniquement sur la remise d'un 'scénario'. Or, sans négliger cet aspect, la valeur de notre travail de création ne se situe pas que là ! Nous portons par exemple une importance particulière à l'image. Une fois le scénario écrit, nous essayons d'avoir une approche très visuelle du film. Les découpages et story-boards sont des bibles que nous respectons mordicus, même si l'installation d'un plan doit durer trois heures. Nous travaillons au maximum des limites d'un format, sans avoir peur d'utiliser des focales très longues et de découper des contres très gourmands en lumière. [...] Or, ce travail n'est pas visible dans les documents écrits et, plus généralement, nous sommes toujours obligés de tourner des 'démos' autofinancées avant de trouver des partenaires...* ».

Enfin, si les prestations commerciales permettent de dégager de nouvelles ressources propres, elles empêchent progressivement les fondateurs de tourner et produire leurs films, et nuisent au collectif. Cédric déclare ainsi : « *À partir de 2005, nous avions beaucoup de productions 'alimentaires' à assurer pour survivre et beaucoup moins de subventions pour financer nos projets. Nous avons donc du ralentir le rythme des tournages. Cela nous a beaucoup démotivés sur le moment. Nous n'avons pas créé Forge uniquement pour 'faire du fric', mais avant tout pour faire des films, si possible dans le créneau vieille VHS visionnée 300 fois entre 8 et 12 ans [rires]...* » En 2006, Cédric décide en ce sens de recréer une nouvelle association 1901, rassemblant divers partenaires et visant à aider la production de films de genre en France. Cette association, qui comprend aujourd'hui plus de 100 membres, collabore avec Forge et la soutient sur des projets de fiction.

Encadré 2 - Éléments sur la gestion de la production d'une fiction chez Forge

Lors de nos réunions avec Cédric nous avons eu la chance de pouvoir assister à de nombreuses étapes de création et d'observer, à la fois les techniques et les rendus intermédiaires de la production d'une fiction chez Forge. Tout en n'ayant pas l'ambition de fournir les recettes d'un « bon » film, ces éléments permettront au lecteur de mieux saisir la dimension très « articulée » des processus de production d'un film.

L'écriture et la préparation : En terme d'écriture, Cédric commence par établir un **synopsis,** qui « pitch » en quelques phrases l'histoire et les personnages, sans encore évoquer la fin du film. Puis, il écrit un **développement** (5-6 pages) qui brosse platement l'action de A à Z et établit plusieurs documents annexes (note d'intention, note sur les personnages, intention d'image, de son, musicales, etc.) qui complètent et peaufinent cette présentation générale du projet. Ensuite, il réalise un **séquencier** et découpe le **scénario** en séquence. Une « séquence » est alors une unité d'action, de personnage et surtout de *lieu* (les **'repérages'** sont, à ce titre, primordiaux dans la préparation d'un film). Puis vient le **découpage**, un document qui, selon Cédric, « *est vraisemblablement souvent oublié en France puisque les réalisateurs se croient sur une scène de théâtre* ». Il divise alors chaque séquence en « plans matriciels », qu'il croise pour obtenir une suite de « plans montés ». Cédric explique: « *Lors d'un champ /contre-champ sur un personnage, on compte deux plans matriciels. On filme tout le dialogue d'un côté, puis de l'autre, ou avec deux caméras quand on a de l'argent [rires] !... Au montage, cela donne peut-être une trentaine de plans montés (allers-retours entre les deux plans). Cette rationalisation permet de gagner du temps sur le tournage (on n'oublie ainsi jamais de couvrir une action) et au montage (ne pas laisser le monteur dans le vague). Tout est très ' réglé ' dans cet univers, car les coûts de production sont très élevés...* ». Cédric insiste alors particulièrement sur la **scénographie** : « *Il s'agit là d'une méthode un peu personnelle. Je pense aux actions et déplacement de chaque personnage, à leurs positionnements. Souvent je fais des schémas vus de haut (« cotes au sol ») et ensuite, je réfléchis où mettre la caméra, dès que cela paraît cohérent et crédible. Souvent, il faut corriger la scénographie en fonction des plans, et inversement. Les deux sont très liés.* » Le **story-board** est alors le document maître qui synthétise toutes ces données et qui permet de coordonner les opérateurs sur le plateau de tournage. Bien-sûr, le **casting** et l'organisation des **répétitions** sont les dernières étapes clef de la préparation : « *Les répétitions et surtout les lectures avec les comédiens sont très importantes. Mais il est toujours un peu compliqué pour nous de les faire répéter en condition pour un 'film de genre' (ex : beaucoup de costumes, de décors, d'effets...). Personnellement, je préfère leur parler du personnage, auquel j'invente toute une vie, et travailler ensuite sur la diction et les attitudes. Les acteurs, c'est comme de la 'pâte à modeler', il faut les façonner et ensuite les laisser évoluer. Il faut éviter de les 'diriger' comme des marionnettes, car ils n'ont plus de latitude de mouvement et risquent d'étouffer. D'où l'intérêt d'un bon casting pour tester le degré d'affinité du personnage avec une ou plusieurs composante (caractère, physique...) du comédien.* »

Le tournage : Pour Cédric, le tournage est vraiment une étape très importante et révèle si le travail de préparation a été bien fait. Il s'agit également d'une phase « hybride », où se mêlent processus très réglés, en raison du coût de la journée de tournage, et petits moments de « magie » : « *La phase de préparation met tellement à plat le processus créatif pour embrayer sur de la' logistique', qu'on perd un peu la magie qui préexiste à tout projet, en particulier lors de la gestation du scénario. Mais cette magie demeure parfois présente sur le plateau, où la concordance de pleins de petits hasards peut créer de belles choses, et où l'improvisation et la création restent possibles. En somme, tourner un film est à la fois une création artistique personnelle, où seul le résultat final compte, et un projet presque 'industriel', qu'une grosse équipe de production va devoir s'approprier. Certes, cette obligation de coordination transforme un peu l'idée qu'on peut se faire de la 'libre création' de l' 'artiste' – en ce sens je préfère souvent parler d' 'artisanat' – et la traduit davantage en termes techniques, organisationnels et financiers.* » Lors de cette phase quatre éléments doivent être gérés en priorité. D'une part, l' **« axe »**, c'est-à-dire, le placement de la caméra. Puis, **la « focale »**, qui permet de créer des effets « grand angle » ou de « longue focale » pour un tassement des perspective (ressenti différent). Cédric crée alors différentes « valeurs » pour un même axe. Par exemple, s'il est axé sur un personnage, il peut réaliser d'abord un 'plan serré' sur son visage, puis changer la focale et refaire la même chose en 'plan américain' (coupé mi-jambes). Ensuite, la « **netteté** » permet de créer des effets dramatiques: « *On explique à l'assistant opérateur, en charge du montage et de la configuration de la caméra, le point où l'on souhaite avoir de la netteté. C'est capital. On peut ainsi créer de nombreux effets...* » Enfin, les « **déplacements** » de la caméra vont jouer un rôle très important. Pour une caméra classique, ils sont de deux types : de l' « axe» (travellings : latéral, axial, ou mouvements de grue) ou de « pivot » (panoramique vers le haut, bas, gauche, droite). Cédric ajoute : « *Ensuite, on peut tout combiner et on obtient une 'louma' à tête 360. Les nouveaux types de caméras permettent en effet de multiplier les effets de cadrage. Par exemple, le 'steadicam' est très pratique pour stabiliser les déplacements, à toute allure, sur des terrains accidentés, tout comme le 'steady-car' (stead + voiture), la spyder-cam (lâché de caméra sur élastique), la flying-cam (caméra sur filin) etc.* »

<u>**Post production et montage**</u> : suite au tournage (voir pendant), les 'rushs' sont **visionné**s, puis **monté**s sur ordinateur. D'un point de vue artistique, cette étape sera plus ou moins importante selon le type de productions. Dans le cas de publicités classiques, elle peut ainsi se ramener à un assemblage très réglé de ce qui se nomme la « matière » (les plans et séquences filmés). D'un point de vue organisationnel, la complexité dépend avant tout du nombre d'acteurs rentrant dans la boucle (effets spéciaux, sons, bande originale...).

Mais ce dispositif institutionnel, bien qu'utile, ne suffit pas à fédérer au quotidien un collectif de travail, qui plus est, lorsque certains projets deviennent plus « commerciaux » afin d'assurer des rentes à l'entreprise. À partir de 2008, la société décide donc de louer des locaux : « *Ces locaux sont comme une nouvelle naissance pour Forge ! D'un point de vue organisationnel, les coûts de coordination sont déjà fortement réduits et on peut stocker du matériel et des matériaux. Mais surtout, d'un point de vue artistique et humain, ce lieu est devenu un endroit d'échanges et de convivialité. C'est vrai que l'on passe du temps à jouer à la console [rires], mais on en passe également beaucoup à travailler en commun et notamment à refaire des projets de fiction. Cela redonne du rêve et de l'inspiration.* »

Ainsi, selon Cédric, si la professionnalisation des prestations est fondamentale, il est également primordial de conserver l'esprit « associatif » de la société et de l'étendre à une constellation d'autres acteurs : « *Il ne faut pas tomber dans la caricature de la 'communauté hippie' [rires], mais il est vrai que Forge c'est avant tout un collectif de passionnés à tous les postes : réalisateurs, producteurs, techniciens et comédiens, qui ne comptent plus leur nuits blanches pour mettre sur pied des projets de film réellement conséquents [...]. L'idée c'est donc de fédérer un maximum de compétences, autour de quelques réalisateurs. On se pousse tous les uns les autres sans concurrence, et les tournages de chacun sont rendus aisés par l'expertise des autres. Chaque réalisateur qui tourne avec Forge jouit de la bande démo de la société pour démarcher autour de son film. Pour Forge, on s'enrichit d'un nouveau film, voire de nouveaux contacts. C'est une logique de développement qui profite à tout le monde... [...] Au départ, le 'collectif' était tellement important qu'on s'empêchait d'aller voir à l'extérieur. On avait peur que l'identité de la société en soit affectée, voire que le projet cesse d'exister... Aujourd'hui, c'est l'inverse, notre identité étant plus claire et plus assurée, j'encourage au contraire la multiplication des expériences en dehors de Forge. Cela permet de diffuser nos pratiques, de les enrichir et d'accroître notre potentiel d'action commun. [...]*

De ce fait, j'ai pu rencontrer de vrais partenaires de production, qui ne sont pas juste des sous-traitants techniques mais qui m'aident à défendre les projets artistiques. »

La gestion de l'antagonisme entre développement artistique et commercial devient l'un des enjeux managériaux de premier ordre. Cédric déclare : « *J'essaie de ne jamais sacrifier nos projets, ni de les transformer en 'produits marketés'. Mais parfois c'est très difficile de compiler avec ce que l'on souhaiterait 'dire' au public, c'est-à-dire ce qui fait sens pour nous, et ce que nos intermédiaires sont prêts à entendre. En ce moment tout le monde veut du 'Plus belle la vie'* [série TV actuelle, grand public, sur une chaîne nationale]. *Personnellement je ne m'abaisserais jamais à faire ça... En fait, c'est mon rôle de tenter de conserver la signification de nos films, tout en sachant l'exprimer dans un autre langage, aux professionnels du secteur. Aujourd'hui, je n'hésite plus à dire et à montrer à nos intermédiaires ce qu'ils veulent entendre, mais je me préserve des petites zones 'subversives' et j'essaie de dégager un maximum de ressources pour nos autoproductions, où là, personne ne viendra me dire quoique ce soit !...».* Comme le fait en outre remarquer Cédric : « *Si nous faisions ce métier uniquement pour gagner de l'argent, il y a longtemps que l'on aurait fermé la société ! On travaillerait soit en solo, soit dans des grosses agences... Ça serait beaucoup plus facile à entreprendre et bien plus rémunérateur, que ce que nous essayons de défendre actuellement !... »*

Malgré plusieurs crises importantes, qui ont d'ailleurs fait croire plusieurs fois à un « dépôt de bilan »[39], Forge a survécu aux premières années. Elle intervient aujourd'hui dans de nombreux domaines. Preuve de ce succès commercial, elle a remporté sur la période un « disque d'or » et un « disque de diamant », pour des productions nationales de DVD. D'un point de vue artistique, Forge poursuit la production de courts-métrages et a produit son premier « long métrage » en 2013 (illustration ci-contre). A l'époque où nous suivions la société, le projet de film avait rencontré un vif succès au MIPCOM 2007. Forge avait ensuite cherché un producteur pour terminer les six semaines de tournage. Mais, n'ayant pas obtenu d'engagement ferme, Cédric avait dû décider de finir de tourner le projet en autoproduction, grâce aux recettes des prestations de services. Lors de l'un de nos derniers entretiens il confiait : « *Je suis bien conscient que c'est une politique de financement très risquée ! Mais nous sommes confrontés à l'extrême frilosité des maisons de productions françaises. C'est d'ailleurs très regrettable que le marché direct-to-video n'existe quasiment*

---

[39] Nous avons pu suivre ces périodes difficiles et nous avons participé à certaines réflexions de Cédric.

pas en France. En outre, en ce qui concerne la télévision, nous n'avons pas d'équivalent de HBO ou ABC pour cautionner des projets audacieux avec un minimum de fonds. [...] En fait, j'espère quand même que nos projets un peu « kamikazes » vont aboutir à des productions plus sereines... »

Bc-Bg

La société « Bc-Bg » est née de la rencontre d'un artiste, Bruno, et d'un manager producteur, Bernard (voir Encadré 3). Alors qu'ils sont tout deux en Laponie, pour des raisons professionnelles distinctes, Bruno et Bernard se retrouvent sous une aurore boréale et se lient d'amitié. Ils décident alors de trouver un moyen de collaborer ensemble. Le projet « Noël Lapon », créé en 2001 pour le *Futuroscope*, permet de tester cette collaboration. Cette expérience rencontre un vif succès et aboutit finalement à la création d'une société commune sous forme de SARL en 2003. Si, pour des raisons extérieures au projet[40], le chiffre d'affaires de la société n'évolue pas les deux premières années, à partir de 2005, Bc-Bg connaît une croissance forte et rapide. Elle collabore ainsi avec des agences d'architecture et de communication sur des concours et remporte plusieurs prix. Elle se fait connaître, capte de nouveaux clients et gagne par exemple un appel d'offres pour un projet très important avec un grand constructeur automobile français. Le chiffre d'affaires est alors multiplier par 12 cette année!

Encadré 3 - Éléments biographiques sur les deux fondateurs

Bruno : Diplômé de l'École Supérieure d'Art Moderne de Paris, Bruno débute sa carrière artistique en s'intéressant au graphisme, à la typographie et aux techniques d'affichiste. En collaboration avec un architecte, il crée alors une société et réalise différents logos et maquettes pour *Les Restos du Cœur*, *Libération* ou les *Éditions Stock*. Il développe ensuite ses premiers décors pour le cirque *Archaos* ou le *Musée d'Orsay*. En parallèle, il conduit différentes recherches sur les illusions d'optique et la maîtrise des volumes. A ce titre, il représente la création française lors de l'Exposition Universelle de Séville en 1992 avec des tasses en anamorphose. À partir de ce moment, l'activité de « création de décor » se développe. Bruno devient ainsi chef décorateur pour l'émission télévisuelle « Surprise sur prise ». Puis, il crée successivement deux autres sociétés, avec lesquelles il réalise plusieurs projets de décors d'émissions pour *Anne Sinclair* ou *Christophe Dechavanne*. Suite à la réalisation des décors de l'émission « La Marche du siècle », *Jean-Marie Cavada* lui confie l'ensemble des décors de plateaux, pour le lancement de la chaîne RFO. Multipliant les axes de recherche, il poursuit ses explorations de designer et crée une gamme horlogère pour une marque de joaillerie, qui obtiendra, en 2001, le prix de l'innovation par le *Centre Français de l'Horlogerie et la Joaillerie*. En 2000, à la recherche de nouveaux effets visuels et scénographiques pour des projets de spectacles, il se rend en Laponie pour y observer le phénomène des aurores boréales...

Bernard : Bernard est diplômé de Sciences-Po Lyon et possède un DESS en Management. Après une expérience de consultant en gestion de projet et en stratégie de territoire, il intègre une Communauté de Communes dans le Jura, en tant que Directeur des Services. Il développe alors le concept de « Jura Sud, pays du jouet et de l'enfant », puis dirige le Musée du Jouet de Moirans-en-Montagne. Il monte différentes expositions temporaires, qui associe artistes contemporains et jouets, et organise le premier colloque européen des

---

[40] Chacun des fondateurs devait alors respecter des engagements personnels antérieurs avant de se consacrer pleinement au projet.

> Musées du Jouet. Il crée ensuite une société en Finlande, qui produit de nouveaux contenus numériques (Internet, téléphonie, DVD) et conseille la ville de Rovaniemi, capitale de la province de Laponie finlandaise, sur son développement touristique et international. C'est alors qu'il rencontre Bruno., et qu'ils produisent ensemble leur premier spectacle, « Noël Lapon », pour le Futuroscope.
>
> **Source : site internet Bc-Bg**

Mais cette trajectoire de croissance rapide n'est pas sans difficultés :

- Sur l'espace de conception : jusqu'ici Bc-Bg avait participé à des projets de taille raisonnable en mobilisant des artistes et techniciens *free lance* « *connus et pointus* ». Bernard précise : « *Nous n'avons pas vraiment de problème pour trouver les 'bonnes' compétences sur les projets. […] Par exemple, pour la lumière, Bruno travaille avec un artiste norvégien qui sait exactement où l'on souhaite aller et ce que l'on veut développer… Il n'y a presque jamais de problème avec ce type de partenariat de création.* » En revanche, le projet avec le grand constructeur automobile français est très lourd à gérer pour la jeune structure. Lors de la réalisation, de nombreux problèmes surviennent avec un nouveau type de sous-traitants et conduisent à de multiples allers-retours et rectifications. Bernard précise : « *Sur ce projet nous avons dû collaborer avec des sous-traitants qui nous ont été imposés par le client. On ne se comprenait souvent pas et ils n'avaient pas toujours en tête le résultat final. Au total, nous avons eu beaucoup de difficultés techniques, qui ont occasionné un surcoût et une diminution de la qualité de la production. […] Pour nous, la marge nette s'en est trouvée très réduite et le bénéfice a été faible par rapport à l'ampleur du projet initial.* »

- Sur l'espace de jugement : au niveau de la relation client, d'une part, la collaboration avec les agences de communication devient très délicate au fil des expériences. Bruno et Bernard ont souvent à faire à des directeurs artistiques qui imposent des méthodes de travail et des directions se heurtant à la logique et aux ambitions de Bc-Bg. Comme le précise Bernard : « *à de rares exceptions près, les agences de communication poussent toujours à la convergence et on observe une dérive technique qui empêche l'exploration artistique. […] Il est en fait impossible d'établir un vrai 'partenariat' avec ces acteurs. Ils sont dans une logique de 'sous-traitance' classique et leur préoccupation première est de conserver le contrôle sur le projet. Il n'y a aucune transparence, on ne connaît pas les budgets et parfois, même, on ne peut pas rencontrer les clients directement. Or, pour avancer, nous avons besoin d'une relation directe avec le client. […] De plus, les agences de communication sont des structures qui 'tournent' presque uniquement avec des stagiaires, souvent inexpérimentés et qui ne restent pas longtemps. Cette situation nuit beaucoup au suivi et à la continuité des projets.* » D'autre part, au niveau des dispositifs de jugement, les concours d'architecture, au sein desquels la scénographie est en fait souvent imposée, ne permettent pas de rendre visible le travail de création de Bruno. Bernard précise : « *Les 'archis' nous veulent souvent dans leurs books, pour participer à des appels d'offres publics. Mais si on ne connaît pas déjà le commanditaire, nous préférons maintenant répondre à des appels d'offres privés ou à des demandes publiques plus 'ouvertes', telles que les Nuits Blanches de la Ville de Paris. C'est le seul moyen de se distinguer sur de vrais projets ambitieux et d'accroître notre réputation ».*

Autrement dit, bien que le référentiel de création de Bc-Bg paraisse suffisamment structuré pour que la société n'ait pas de difficultés majeures à trouver des compétences adaptées à l'activité de création, ou pour que les prestations soient reconnues et valorisées sur l'espace de jugement, le management d'une telle organisation ne va pas de soi. D'ailleurs, suite aux difficultés précédentes, Bruno et Bernard décident de réviser leur stratégie de croissance. Bernard précise : « *Même si l'on a l'opportunité de travailler plus, suite à ces expériences éprouvantes, nous avons pris conscience que si l'on voulait continuer à exister, il fallait absolument abaisser les objectifs de chiffre d'affaires et atteindre ainsi un rythme tenable. [...] Aujourd'hui ce qui compte pour moi c'est de préserver l'artiste, tout en lui permettant de développer son projet. Nous cherchons donc à rester 'petits' et nous poursuivons notre travail de collaboration, sur projet, avec des indépendants connus et pointus. [...] En termes de 'croissance', mes objectifs sont maintenant de parvenir à décliner le projet sur de multiples supports et concepts, tout en essayant de stabiliser des 'revenus récurrents' – car l'effort de création prend du temps et coûte cher... [...] Mon action consiste donc également à trouver de nouveaux concepts, à valeur commerciale, que Bruno peut ensuite 'traduire' artistiquement. Par exemple, en 2008, je lui ai proposé de travailler sur le concept de 'plateforme dynamique' – un simulateur et un film dynamique – pour la 'Cité de la voile'. Ça l'a intéressé, car d'habitude on réalise plutôt des scénographies 'abstraites', parfois moins accessibles au grand public. Sur ce projet on a pu explorer de nouvelles façons de 'raconter des histoires' à un public plus large, tout en restant dans le projet de base... »*

Figure 22 - Extraits du book de la société Bc-Bg

A propos de l'antagonisme entre projet commercial et artistique, Bernard précise : « *Bruno a intégré très tôt la dimension 'commerciale' à ses projets artistiques. Il possède une longue expérience dans la création de ce type d'entreprises et il a toujours eu un associé 'gestionnaire' à ses côtés. Mais je crois que Bc-Bg se distingue vraiment de ces précédentes expériences. D'une part, le projet artistique, c'est-à-dire les concepts scénographiques sur lesquels nous travaillons aujourd'hui, sont quelque part plus 'nobles', que ce que lui permettait de réaliser ses premières sociétés. D'autre part, c'est surtout la première fois qu'il gère véritablement l'entreprise à '50/50' avec un manager. Car, même si une répartition des rôles s'est opérée avec l'expérience, nous sommes en dialogue constant, tant sur la dimension commerciale, qu'artistique. Ainsi, d'un côté, comme il a plus de difficultés à parler d'argent sur les projets, c'est mon rôle de producteur de trouver des 'solutions de production' avec les clients. D'un autre côté, à titre personnel c'est important pour lui, comme pour moi, de partager la dimension artistique.* » En d'autres termes, si les deux fondateurs n'ont pas eu besoin de mener une phase aussi exploratoire que dans le cas d'Hamadryade, le succès de leur coopération semble toutefois bien reposer sur une compréhension fortement partagée du travail de création.

En termes d'organisation du travail de création, Bernard donne d'ailleurs des détails qui font également écho au cas d'Hamadryade :

- Sur l'espace de conception : « *Historiquement Bruno a toujours eu une collection de matériaux et d'autres éléments scénographiques, accumulés au fil des projets et des recherches. Lorsque nous avons collaboré, j'ai vite compris que c'était primordial pour lui donner un langage et pour qu'il puisse établir un dialogue avec les clients. Nous avons donc continué à gérer cette collection et à la renouveler. Par exemple, nous sommes également abonnés à une 'matériaux-thèque'* [banque de données fournissant les évolutions récentes en termes de matières et de matériaux de décoration] *et nous louons un lieu de stockage pour conserver des éléments intéressants que nous pourrions réutiliser. C'est en quelque sorte un budget 'inspiration'. [...] Aujourd'hui, le plus gros de cette collection est chez Bruno., dans son « atelier ». [...] Le terme d'« atelier » vient de la tradition du maquettage. En fait, si les logiciels 3D sont souvent indispensables pour travailler, ils ne sont pas toujours très lisibles pour le client. [...] D'un point de vue artistique, ils masquent un peu les jeux sur les reliefs et les effets de lumière. Il y a en outre un risque de 'survente', car les simulations 3D 'gomment' de nombreux problèmes. La maquette est, elle, certes plus 'dégradée', mais elle coûte beaucoup moins cher et elle permet de construire une réelle exploration avec le client.* »

- Sur l'espace de jugement : nous l'avons déjà mentionné, tout comme dans le cas d'Hamadryade, Bc-Bg font attention à la *sélection* des clients avec lesquels ils peuvent vraiment co-produire des projets ambitieux. Par rapport à cette relation client, Bernard précise : « *sur ce type de projet, nous avons souvent à faire à des professionnels, qui comprennent assez bien notre métier, mais qui ont besoin de nous pour rendre réel ce qui n'est encore qu'un rêve un peu flou. Notre rôle est alors de traduire – et non pas de respecter à la lettre – leur 'cahier des charges' et de les aider à prendre des risques qu'ils n'auraient peut-être pas pris seuls. Nous cherchons en ce sens à leur ouvrir de nouvelles perspectives... mais pas trop ! Nous ne sommes pas partisans de multiplier les propositions et les clients attendent aussi de nous qu'on ait une force de proposition personnelle. C'est d'ailleurs pour cela qu'ils font appel à nous, en particulier. Ils recherchent avant tout une identité artistique. Donc, c'est sûr qu'ils participent à la production, mais il y a des points sur lesquels nous ne transigeons pas. Par exemple, nous sommes très directifs sur le choix des couleurs et nous ne sortons pas des gammes avec lesquelles nous aimons travailler. Certes, il existe souvent un comité de pilotage, qui n'a pas le même avis que les interlocuteurs que nous avons en direct. Mais il faut tenir bon et nous organisons même parfois des 'séances de créativité', qui nous aident à structurer cette co-exploration, parfois sinueuse, et à converger vers des concepts ambitieux ».*

En termes de dynamique d'évolution, Bernard déclare : « *Pour les années à venir, l'un des mes objectifs principaux est de trouver un moyen d'accroître notre réputation. C'est ce qui nous permettrait de défendre et d'étendre notre projet.* » Or, comme nous l'avons vu précédemment, les dispositifs actuels de valorisation (concours d'architecte, appels d'offres publics...) ne sont pas toujours adaptés aux types de création contemporaines présentées par Bruno. Bernard ajoute : « *L'état intervient très peu pour soutenir des initiatives comme la nôtre. Il est prêt à soutenir le nom d'un artiste déjà reconnu et installé, voire une marque de luxe à l'international, mais pas des entreprises artistiques. Pourtant, c'est aujourd'hui une réalité et nous sommes de plus en plus nombreux à entreprendre en art de cette manière... »*

Le Théâtre Artistique de Moscou

Notre étude sur le Théâtre Artistique de Moscou (TAM) se fonde sur une monographie réalisée par Claudine Amiard Chevrel (1979), couvrant une période allant de 1898, date de la création du TAM, à 1917, date choisie par l'historienne, car elle marque selon elle la fin d'une période florissante (Chevrel 1979). Ce cas est également traité par Guillet de Monthoux dans *The Art Firm* (2004). Nous lui sommes redevables de cette référence et ses analyses nous ont été très précieuses pour notre propre étude.

À la fin du 19è siècle le théâtre russe est en crise. Chevrel (1979) rappelle, à cet égard, les « *graves défauts de l'ensemble de la scène russe qui sont les mêmes, il faut le dire, que dans les autres pays européens ; pièces sans intérêt destinées à distraire et à remplir les caisses, culte de la vedette et jeu au public, indifférence à l'unité du spectacle, bâclage de la préparation, décors et costumes laissés au hasard, tantôt donnant dans le grand spectacle, tantôt passant d'une pièce à l'autre sans souci de leur signification.* » (Chevrel 1979, p.17) La plupart des artistes russes, et notamment en province, vivent ainsi dans la misère et seuls quelques uns d'entre eux parviennent à se faire une réputation pour survivre. Les répertoires sont modifiés quotidiennement et les comédiens ne peuvent connaître suffisamment leur rôle : « *Succès personnels et rentabilité étaient la règle fondamentale* » (Chevrel 1979, p.17). A cela s'ajoute la censure et la politique impériale du répertoire. Le projet TAM vise à répondre à cette crise par un renouvellement de la *pratique* et des *répertoires* théâtraux. Ainsi, selon Chevrel (1979), le TAM « *surgit à un moment crucial de la vie théâtrale européenne. La France a déjà vécu l'expérience naturaliste avec Antoine, les tentatives du théâtre symboliste avec Paul Fort et Lugné-Poe. [...] Le texte perd sa place prépondérante au profit d'un langage par signes qui fait appel à la préhension sensorielle du public, à son intuition, à son imagination ; en un sens le public redevient créateur du spectacle. Les couleurs, les formes, les sons, les éclairages sont autant de procédés destinés à l'atteindre [...].Dans cette combinaison de signes, l'acteur, et d'abord son appareil physique, retrouve la première place. Pour que son corps à trois dimensions se compose avec l'ensemble, une restructuration de l'espace s'impose : il faut utiliser le volume scénique dans sa totalité.* » (Chevrel 1979, p.13). En d'autres termes, de nouveaux langages du théâtre émergent et cherchent à capter de nouvelles propriétés signifiantes du geste théâtral afin de créer de nouveaux effets scénographiques (voir Encadré 4).

Encadré 4 - L'invention de la mise en scène

Comme nous l'avons souligné le théâtre russe est en crise à la fin du 19è siècle. De nombreux débats ont donc lieu pour réinterroger l'organisation de la pratique théâtrale. À l'époque le célèbre dramaturge russe, Ostrovski (1823-1886), proposait entre autres : la restauration d'une école dramatique, l'allègement de la censure, notamment sur le répertoire, une politique du répertoire, la création d'un théâtre populaire et national à Moscou (devoir patriotique). En ce qui concerne son financement, la solution proposée par Ostrovski est originale pour un pays qui deviendra par la suite communiste. Le dramaturge russe suggère ainsi de faire appel à des industriels russes fortunés, qui deviendraient alors les administrateurs de l'entreprise (équivalent SA), entourés des meilleurs spécialistes de l'art dramatique pour les aider à diriger. Ces grandes lignes seront reprises durant les débats organisés en 1897 par la Société Théâtrale Russe où seront également constatés : la situation critique du théâtre russe, le niveau artistique de l'art théâtral, les problèmes de rémunération et l'amélioration des conditions matérielles des acteurs, ainsi que la volonté d'un théâtre « accessible à tous », grand mot d'ordre des années 1890, avec l'aide conjointe des grands artistes et hommes d'affaires russes de l'époque.

Mamontov est un cas exemplaire d'entrepreneurs privés. Ingénieur et juriste de formation, puis spéculateur et entrepreneur à succès dans les chemins de fer, il fonde en 1885 l' *Opéra Privé Russe*. Étant lui-même un peu « artiste » (sculpture et chant), il est sensible aux démarches artistiques d'avant-garde, qu'il accueille et produit dans son nouveau lieu. Il permet ainsi de monter des opéras qui avaient été censurés, voire dénaturalisés dans les Théâtre Impériaux, et révèlent des talents comme Chaliapine. Surtout, outre son rôle de directeur administratif du théâtre, il va participer au renouvellement de la mise en scène. Il est ainsi le premier, à voir dans le décor un élément de signification théâtrale important, qu'il est nécessaire de confier, non pas à un technicien, fût-il spécialisé, mais à un artiste : « *Le peintre est presque l'égal du metteur en scène, que non seulement le peintre reconstitue le milieu extérieur d'après le texte, mais qu'il met à nu le dessein du dramaturge* » (Mamontov, cité dans Chevrel (1979)). Cet étrange rapport entre artistes, entrepreneurs privés et metteur en scène suggère une première rencontre historique, profonde et originale, entre langages de gestion et langages de l'art.

Comme le souligne Aumont (2000) : « *Apparue en français au tout début du XIXè siècle, la locution [de 'mise en scène'] a mis longtemps a s'imposer vraiment, pour désigner l'activité de celui que, beaucoup plus tard (en 1874 selon le* Dictionnaire Historique de la langue française*) on appellerait un 'metteur en scène'. C'est que durant cette période de consolidation des formes dramatiques bourgeoises [...], l'art théâtral était conçu sans équivoque comme prioritairement un art du texte et de la diction* » (Aumont 2000, p.5) Autrement dit, avant les innovations dramaturgiques de la fin du 19è siècle, la création théâtrale se focalise avant tout sur le *texte*. De Kuyper (2000) précise : « *Disons en gros que jusqu'au dix-neuvième siècle, le théâtre* est *l'art du texte et du comédien. Même dans le théâtre baroque où, on le sait, les aspects spectaculaires sont prépondérants, la pratique de la mise en scène n'existe pas. Bien entendu les éléments visuels et plastiques sont centraux – au point que dans la pratique de l'opéra le décorateur est toujours nommé mais non le compositeur ! – mais ils ne donnent pas lieu à cet 'art de la coordination' particulier que nous nommons mise en scène* » (De Kuyper, p.15). La mise en scène serait donc un « art de la coordination » intégrant des effets esthétiques forts. Par exemple : « *Il y a chez Appia une conception de l'espace scénique et la représentation qui vont bien au-delà de la décoration picturale. Il envisage une véritable plastique dynamique du jeu, où tous les éléments interviennent – y compris les éclairages conçus comme 'scénario de lumière' [...]* » (De Kuyper 2000, p.17).

Enfin, nous ne pouvons résister à la tentation de citer cette dernière analyse de De Kuyper (2000) : « *J'étais en train de chercher un moyen pour rendre* [la notion de mise en scène transparente] *[...] quand je butai sur un fait intrigant dans un domaine qui n'a rien à voir avec le nôtre, l'art du jardinage. Un des grands créateurs de l'histoire de l'art des jardins est un certain Lancelot Brown (1716-1783) surnommé 'Capability' Brown. Je lis qu'il devait son surnom à son habitude d'insister sur les possibilités des terrains qu'on lui confiait – les capacités d'un site à se transformer en jardin paysager.' La mise en scène pour moi ressemblerait fort à cet art du jardinage tel qu'il est pratiqué par 'Capability' Brown : c'est l'art de rendre réel ce qui n'est que virtuel. En fait, c'est exploiter au maximum toutes les possibilités pour atteindre à cet effet spectaculaire maximal, en germe dès le départ.* » (De Kuyper, p.21) Sans forcer l'interprétation, il nous semble toutefois assez remarquable, que ce soit une doctrine du jardinage artistique, alors même que nous avons vu qu'une théorie de la conception de jardin faisait encore défaut, qui permette de « répondre » à l'explicitation du concept de « mise-en-scène ». Nous renvoyons alors le lecteur au cas d'Hamadryade pour saisir comment la notion de « mise en scène » a inversement permis de restaurer localement une pratique de la création de jardins !

Sources historiques : Chevrel (1979) et Aumont (2000)

En ce qui concerne le TAM à proprement parler, la monographie réalisée par Chevrel (1979) est très riche et couvre de multiples aspects de l'histoire de l'organisation. Pour notre étude, nous nous sommes davantage attaché à décrire l'organisation de la fonction managériale, notamment pour en montrer ses limites, ainsi que son impact sur l'organisation de la création. À cet égard, bien qu'elle n'ait pas eu accès à toutes les sources[41] qui auraient pu éclairer cet aspect de la vie du TAM, le texte de Chevrel (1979) nous livre de nombreux éléments sur les modes de gestion de l'époque et il nous permet déjà de dresser un portrait assez précis de l'action managériale au sein du TAM. S'il ne faudrait pas faire d' « anachronismes gestionnaires », puisque l' « administration d'entreprise » est encore naissante à l'époque, il nous semble toutefois possible de restaurer l' « agenda managérial » que se fixent les deux fondateurs.

---

[41] Chevrel confesse ainsi qu'elle n'a pu avoir en main tous les comptes-rendus d'AG de l'époque et qu'elle a dû se référer à certaines sources secondaires. De même, certaines lettres de Nemirovic lui ont été interdites.

Ainsi, comme le note alors Chevrel, lors des premières formulations du projet du TAM : « *Les deux hommes* [Stanislavski et Nemirovic] *constatent d'abord la faillite du théâtre existant et la nécessité de créer quelque chose de neuf* » (Chevrel 1979, p.35). Le binôme dirigeant s'accorde donc sur une stratégie favorisant la création artistique. Ils entendent par ailleurs attribuer des ressources spécifiques à la mise en scène qui est, selon eux, la vraie nouveauté de leur entreprise : « *Contrairement aux coutumes des Théâtres Impériaux, l'administration sera au service des impératifs scéniques et artistiques. Il est admis que chaque pièce aurait ses décors, ses costumes, et ses accessoires, que le spectacle constituerait un ensemble harmonieux, tous les éléments concourant à servir le dessein de l'auteur [...] Telle est la mission artistique que les deux hommes fixent à leur entreprise et qu'ils considèrent comme la réforme la plus importante du théâtre* » (Chevrel 1979, p.35).

Au niveau du recrutement, le binôme dirigeant n'entend recruter que des comédiens passionnés et concernés par leur projet : « *Un long débat s'instaure ensuite sur le choix des acteurs. [...] Ils retiennent* [toujours] *celui* 'qui a des idéaux pour lesquels il se bat, qui ne pactise pas avec ce qui existe'. » (Chevrel 1979, p.35). Ces discussions préliminaires sont encourageantes et tous les éléments semblent réunis pour que la codirection soit prometteuse. Chacun paraît savoir quel rôle il doit tenir : à Nemirovic incombe-t-il l'administration de l'entreprise et le choix stratégique du répertoire, la dimension artistique devant, quant à elle, être développée par Stanislavski. Pourtant, nous allons voir que cet accord apparent, masque en fait des différences profondes, qui seront, par suite, à l'origine de crises sévères.

Le TAM est officiellement fondé en 1898[42] par Stanislavski et Nemirovic. De même que dans les autres cas que nous étudions, la structure juridique à choisir ne va pas de soi. Chevrel détaille les scénarios d'organisation et de financement qui furent élaborés à l'époque, ainsi que les difficultés rencontrées (p.37 et suivantes). Le choix final se porte sur une « société par actions », au sein de laquelle participeront de riches industriels moscovites et notamment le célèbre Morozov, qui jouera un rôle important dans la vie du TAM par la suite. Par ailleurs, si Stanislavski et Nemirovic partagent la même envie de créer un « nouveau théâtre », et ainsi, de renouveler le référentiel de création existant, certains éléments semblent toutefois les opposer et être déjà annonciateurs des relations très houleuses, que les deux fondateurs entretiendront tout au long de l'histoire du TAM.

D'un point de vue sociologique, alors que Stanislavski appartient à la grande bourgeoisie textile moscovite par son père, et à l'industrie et au commerce international de Saint-Pétersbourg par sa mère, Nemirovic est issu d'un milieu plus modeste. Il est né en Géorgie, et tandis que son père est un militaire provincial, petit propriétaire foncier, sa mère est une arménienne inculte. Même si nous ne développons pas ce premier type d'opposition dans la suite, nous indiquons au lecteur que, tout comme le décrit très finement Chevrel dans son

---

[42] On considère en fait le 21 juin 1897 comme la vraie date de création du TAM, lorsque Nemirovic-Dantchenko et Stanislavski se rencontrèrent pour la première fois lors d'un célèbre dîner au Bazar slave de Moscou.

ouvrage, ces éléments ont joué un rôle important dans la conflictualité qui émerge entre les deux fondateurs.

D'un point de vue artistique, alors que Stanislavski est directement issu de la pratique théâtrale et qu'il est alors un comédien expérimenté et reconnu, Nemirovic est davantage entré dans le monde du théâtre par le « texte » et la critique (journaux littéraire, chroniques et critiques théâtrales…). À titre d'exemple, il s'est longtemps consacré à l'écriture de pièces, de romans et de nouvelles. En fait, comme le note Chevrel, c'est un peu par la force des choses, que les deux hommes sont amenés à collaborer : « *Devant l'énormité de la tâche pour un seul homme, [Nemirovic] pense à Stanislavski dont il a apprécié quelques spectacles, mais qu'il connaît peu. Ses impressions sur le cercle et les méthodes de travail de Stanislavski restent confuses dans son esprit* » (Chevrel 1979, p.26).

Malgré une motivation commune pour entreprendre et pour défendre des valeurs fortes autour d'un théâtre « véritablement artistique et accessible à tous », les deux fondateurs ne partagent en fait pas la même vision du travail de création. Le TAM va alors vivre de nombreuses crises successives, principalement dues à l'action managériale de Nemirovic. Ces crises se manifestent au niveau de la stratégie de croissance, de l'organisation de la codirection, du management des espaces de conception et de jugement, ainsi qu'au niveau de l'établissement des critères d'efficacité et de performance de l'activité :

- Sur la stratégie de croissance : Stanislavski estime que la croissance de son entreprise doit passer par une stratégie d'essaimage. Ainsi, en 1904, il cherche à propager l'expérience du TAM en Province et il soutient par exemple l'écrivain Gorki au grand dam de Nemirovic[43]. En fait, Stanislavski souhaite développer « *une véritable création de filiales du Théâtre Artistique, avec plusieurs troupes constituées de pupille de l'école, financées par des actionnaires du Théâtre et quelques mécènes provinciaux pour que le public se sente concerné. Le répertoire serait celui de la Société d'Art et Littérature et du Théâtre Artistique ; le Théâtre Artistique fournirait en outre les metteurs en scène, mises en scène, maquettes, voire décors complets. L'administration siègerait à Moscou et les spectacles seraient également préparés à Moscou sous la direction du Théâtre.* » (Chevrel 1979 p.47-48) De son côté, Nemirovic cherche avant tout à promouvoir le TAM et à en développer le public propre. Il ne soutient pas particulièrement ces projets et s'oppose même à certaines collaborations extérieures entre Stanislavski et d'autres artistes. Ces expériences n'auront d'ailleurs pas de suite.

- Sur l'organisation de la fonction managériale : une lettre de Stanislavski, adressée à Nemirovic en 1904, résume les tensions dans la direction du Théâtre et dans l'équilibre des pouvoirs. Ainsi Stanislavski écrit : « *Les désaccords ont commencé entre nous à partir du moment où nous avons aboli notre convention principale : vous avez le veto dans le domaine littéraire* [Ndr : entendre par là le choix du répertoire] *et je l'ai*

---

[43] En fait, ce projet est mis à mal à cause de la censure impériale.

dans le domaine artistique. Les deux vetos sont passés de votre côté et l'équilibre est rompu. Cependant, dans mon domaine, je suis présomptueux et je me considère plus fort que vous ; je ne fourre pas mon nez dans le domaine littéraire et je ne rivalise pas avec vous ; je m'instruis seulement. Notre théâtre a perdu sa stabilité, il est devenu littéraire. Le côté artistique y progresse faiblement et de ce fait m'oppresse et me prive de satisfaction et me refroidit » (Stanislavski cité dans Chevrel, 1979, p.48). Les difficultés rencontrées avec Nemirovic et l'incompréhension mutuelle conduisent Stanislavski à tenter de faire cavalier seul : ce sera l'expérience du « Studio » de la rue Povarskaja, que nous détaillerons dans la suite, mais qui n'aboutira pas.

- Sur le référentiel de création : sur l'espace de conception, Nemirovic et Stanislavski s'opposent sur la manière de gérer les comédiens et les répétitions. Ces désaccords nuisent à la qualité du travail de préparation et de création, si bien que le TAM accuse une série d'échecs artistiques et commerciaux. Sur l'espace de jugement, les critiques sont sévères, en interne comme en externe. Menés par Nemirovic, les membres de la troupe critiquent et se moquent de Stanislavski, qui constate : « *Si je donne un conseil ou un ordre, tout le monde crie 'il met la pagaille', et personne ne se donne la peine d'entrer un peu plus avant dans mes raisons. [...] si je donne le moindre conseil artistique, tout le monde affiche sur son visage : 'drôle de bonhomme'* ». (Stanislavski octobre 1903, cité par Chevrel (1979), p.47). En fait, Stanislavski « *comprend que le réalisme a fait son temps, mais n'imagine pas la suite ; il sent que* [le TAM est] *dans une impasse avec des procédés déjà dépassés mais qu'il ne sait pas par quoi remplacer. [...]Il songe alors à créer une sorte de théâtre laboratoire, ni théâtre, ni école, mais terrain d'expérimentation, avec des acteurs plus ou moins formés. Ce sera le « Studio Théâtral » dont il emprunte le nom même à Meyerhold.* » (Chevrel 1979, p.49). Autrement dit, dans l'incapacité d'organiser un espace de création au sein du TAM, Stanislavski doit lui-même s'organiser un « Studio ». Ainsi, en 1905, Stanislavski rencontre Meyerhold à Moscou. Séduit par ses expérimentations, Stanislavski lui propose de travailler avec lui. Les objectifs artistiques sont clairs : collaboration étroite avec le TAM, fanatisme dans la recherche de la poésie et de la mystique du nouveau drame, discipline de fer et « *savoir se retirer dans une cellule, non pour s'isoler du monde, mais pour officier et traiter d'un rire méprisant l'incompréhension du public.* » (Chevrel 1979, p.49) Les deux fondateurs souhaitent en outre étendre leur portée culturelle et engager des collaborations avec des artistes d'autres horizons. Mais de nouveau, Nemirovic tente de barrer la route à ce projet et critique l'efficacité des méthodes de travail des fondateurs.

- Sur les critères de performance : Nemirovic reproche à l'associé de Stanislavski, Meyerhold, de ne pas avoir de plan préétabli et de s'atteler aux répétitions sans lectures ni discussions préalables. De même, il accuse également Stanislavski de mettre en péril la santé du TAM par des explorations extravagantes et coûteuses. S'adressant au metteur en scène moscovite, Nemirovic déclare : « [vous avez] *rompu les amarres. Pendant quatre ou cinq ans, vous avez eu l'air d'accepter diverses limitations à votre tempérament artistique. Vous sembliez croire à ma* raison et *permettre à cette raison de tenir votre tempérament sous mon contrôle en vue d'un succès véritable de notre œuvre. Vous avez vu par l'expérience que votre tempérament tue les plus belles perles de votre talent si rien ne lui tient la bride. Livré à vous-même, vous créez d'une main et vous détruisez de l'autre »* (Nemirovic, juillet 1905, cité dans Chevrel, 1979, p. 51). Autrement dit, la où Stanislavski perçoit de nouveaux espaces de valeur à explorer, et donc de nouvelles dimensions de la « performance » de son activité, Nemirovic y voit une perte de temps et d'argent. En parlant du « Studio » de Stanislavski, Nemirovic conclue : *« [...] Plus vite vous en terminerez avec la plus grossière erreur de votre vie et mieux cela vaudra pour le Théâtre et pour vous-mêmes et pour votre prestige artistique. »* (Nemirovic, novembre 1905, cité dans Chevrel 1979, p. 54)

Autrement dit, à aucun moment, Nemirovic ne perçoit qu'il est nécessaire d'organiser une *puissance de signification* pour Stanislavski, qui est alors obligé de se construire, seul, son « Studio »[44]. Ces conflits affectent à la fois la qualité des prestations et l'organisation collective du TAM. A titre d'exemple, Morozov, mécène et associé majoritaire de la société quitte le théâtre au cours de cette période et de nombreux acteurs font de même. Selon Chevrel (1979), il faut interpréter la tournée européenne de 1906 du TAM, comme une fuite en avant pour échapper à cette atmosphère étouffante. Mais cela ne sera pas suffisant et, pour Stanislavski, les années qui suivent sont parmi les plus horribles à vivre.

À mesure que Nemirovic accroît son pouvoir de direction, Stanislavski accumule les humiliations. Nemirovic va jusqu'à inventer un mot pour le discréditer, tant en interne, qu'en externe : le « stanislavskisme ». Blessé, l'artiste se replie sans cesse davantage sur lui-même et finit par abandonner sa fonction directoriale. Stanislavski veut même quitter le TAM, mais, en 1911, Nemirovic réunit l'ensemble des actionnaires pour obtenir les pleins pouvoirs et statue en 1912 que : *« Si l'un des fondateurs désire liquider ses rapports avec la 'firme Théâtre Artistique' et que l'autre annonce son intention de poursuivre la conduite de l'entreprise sur d'autres bases, le fondateur qui souhaite se séparer doit céder au second tous ses droits afférents à sa participation à la 'firme' sur la base d'un accord particulier entre eux »* (Chevrel 1979, p.60). Stanislavski se retrouve donc pieds et poings liés à Nemirovic.

À partir de ce moment, Chevrel conclue : *« Stanislavski est définitivement éliminé du Théâtre Artistique ; il n'y est plus qu'un acteur de second rang et un metteur en scène 'invité'. Son travail créateur, il l'accomplit désormais au Studio. L'appauvrissement continu du répertoire, l'absence de mises en scène-choc, comparables à celles des périodes antérieures, montrent les conséquences désastreuses de la dictature de Nemirovic-Dantchenko ».*

---

[44] À juste titre, Guillet de Monthoux (2004) compare métaphoriquement cette tentative, à l'organisation d'un petit laboratoire de R&D.

Interprétation des dynamiques étudiées

Dans cette section nous interprétons les trajectoires des cinq cas, y compris Hamadryade[45], grâce au schéma conceptuel introduit précédemment :

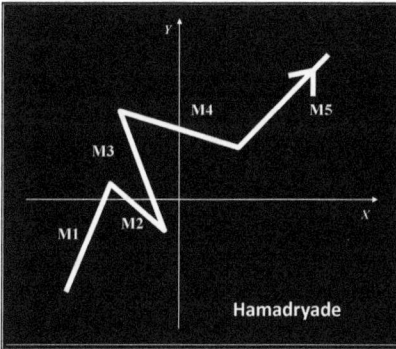

Hamadryade

Hamadryade : Dans un premier temps, Éliane est seule, son projet artistique personnel stagne (manque de ressources pour le jardin d'exposition) et son travail de création n'est pas reconnu. Elle décide alors de s'associer avec un ami, mais la collaboration échoue faute d'accord sur la notion de valeur, interprétable comme une incompréhension sur la densification (M1). Puis, Éliane requiert notre intervention à titre de « gestionnaire ». La prescription managériale diminue et nous organisons un espace d'expression pour Éliane. L'identification de la densification s'améliore et la société peut se créer. Mais la fonction managériale n'est pas assez robuste et la situation aboutit à une crise de la coordination (M2). Éliane délègue alors l'action managériale à Solène, qui tente de restructurer une fonction administrative. Elle installe en outre un management des opérations, mais sans modèle de l'activité de création adapté. L'identification de la densification diminue tellement que la situation aboutit à une crise sévère de l'entreprise qui est au bord de l'implosion (M3). Arrive alors notre seconde intervention à titre de manager. Cette fois, nous prenons en charge la fonction managériale de la société et nous choisissons de diminuer la prescription managériale. L'entreprise retrouve un équilibre et Éliane a l'impression d'être mieux comprise. Pour autant, cette action managériale est insuffisante et l'entreprise s'enlise dans un « malaise du détail » (M4). Enfin, la réforme organisationnelle permet d'organiser une fonction managériale qui restaure une identification partagée de la densification. Hamadryade vit alors une période de croissance artistique et économique (M5).

---

[45] Pour les éléments historiques détaillés du cas d'Hamadryade nous renvoyons le lecteur aux sections précédentes.

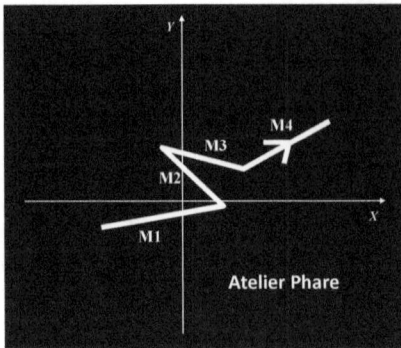

Atelier Phare : au démarrage de son activité de *free lance*, Fabrice est dans une situation correcte. Grâce à sa formation et à son réseau, il rencontre assez vite des clients qui reconnaissent son travail de création (M1). Mais, la croissance est ensuite limitée par ce fonctionnement (difficultés pour développer sa clientèle et répondre à des appels d'offres importants), si bien qu'il tente avec Yelka de créer une « structure » pour organiser un collectif d'artiste. Cependant la délégation managériale échoue et les artistes ne trouvent pas d'espace de densification partagé (M2). Fabrice retourne alors à une stratégie de *free lance*, mais se rapproche progressivement d'une agence d'architecture notamment sur des appels d'offres pour de gros contrats. Il n'est pas encore très clair pour Fabrice si son travail de création peut s'exprimer sur ce type de projet ou non, d'où peut-être la préservation de vernissages artistiques extérieurs à son activité professionnelle (M3). A la fin de la période, il intègre finalement l'agence, qui joue le rôle d'une fonction managériale. Les projets de « signalétique » le séduisent. On peut l'interpréter comme la possibilité de trouver une densification conjointe entre graphiste et architecte (M4).

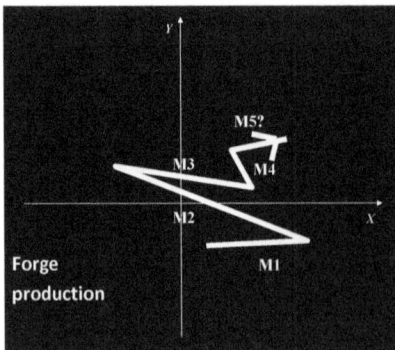

Forge production : Au démarrage, Cédric et ses camarades ont une compréhension fortement partagée de la densification. L'association loi 1901 leur permet de réaliser plusieurs courts-métrages qui fondent leur identité artistique et personnelle, mais n'intègre absolument pas les enjeux économiques (M1). Ce fonctionnement montre ses limites pour organiser la croissance et Cédric décide de créer une SARL pour se « professionnaliser ». Malheureusement, le collectif n'est pas préparé aux nouveaux enjeux de gestion et plusieurs crises surviennent. Surtout, les prestations de services les empêchent de réaliser leurs films et la démotivation menace le collectif (forte diminution de la capacité de densification) (M2). Pour répondre à cette crise, Cédric décide de revenir aux « fondamentaux » et lance plusieurs projets dits « kamikazes » (entendre par là, en « autofinancement risqué »), pour remotiver ses collaborateurs, ainsi que pour rendre visible leur capacité de densification collective. Cette stratégie est payante en termes artistiques et Forge se lance même dans un projet de long-métrage (M3). Mais d'un autre côté, cette stratégie du « tout ou rien » menace financièrement la société. Cédric décide alors de revenir à une organisation plus « sérieuse » et d'assumer son rôle de « producteur » (M4). L'enjeu managérial est alors de savoir si Cédric sera capable de tenir l'antagonisme différenciation-densification à long terme (M5 ?).

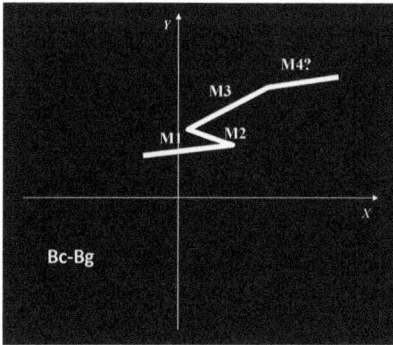

Bc-Bg : Au moment où la société Bc-Bg est créée, Bruno possède déjà une société et a déjà su structurer une fonction managériale lui permettant d'exercer son activité. Si les rôles de chacun sont clairs au démarrage, le projet de Bc-Bg est différent des expériences passées de Bruno car le projet artistique partagé par les fondateurs est plus « noble » et permet une plus grande capacité de densification (M1). À partir de cette collaboration prometteuse, le binôme dirigeant va alors tenter une croissance forte et rapide (M2). Mais, ce rythme n'est pas tenable et les associés décident assez vite de revenir à un autre modèle de croissance, afin de préserver les opérations de densification de Bruno et d'éviter les « clients toxiques ». Grâce à un management efficace de la chaîne signifiante de l'artiste, par exemple via la « matériaux-thèque » (M3), Bernard parvient à trouver un équilibre dans la croissance. Aujourd'hui, cette croissance est limitée en raison des dispositifs de jugement existants, en partie inadaptés, et de la difficulté à multiplier les prestations « denses » à partir du projet initial (M4 ?).

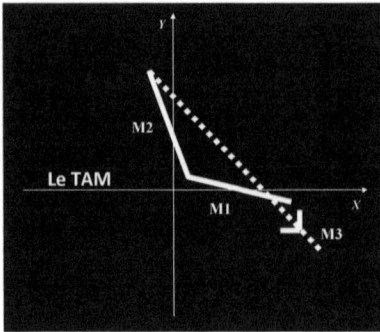

Le TAM : le projet du TAM est résolument tourné vers le renouvellement des pratiques théâtrales. Malheureusement, au moment où Nemirovic prend en charge la direction administrative du TAM, cet objectif artistique *fort*, ne repose en fait, que sur une *faible* identification partagée des langages de densification du théâtre (M1). Puis, à mesure que Nemirovic impose sa prescription et assoit sa fonction de « directeur » de la « firme Théâtre Artistique », l'incompréhension sur les opérations de densification, à soutenir et à organiser, s'accroît (M2). Cette terrible situation aboutit finalement à l'éclatement du binôme et à l'organisation du « Studio » expérimental de Stanislavski, permettant les opérations de la densification, *en dehors* du TAM (M3 en pointillé).

Si ces différentes interprétations ne valident aucunement le schéma conceptuel que nous avons proposé pour analyser les dynamiques des entreprises de création, il nous semble qu'ils fournissent cependant des pistes fécondes sur la manière de guider l'action managériale aux niveaux stratégiques et opérationnels.

À un niveau stratégique, le manager se retrouve un peu comme Ulysse entre Charybde et Scylla, aux prises avec deux risques de totalisation et de banalisation de l'activité de création. Les objectifs du management stratégique doivent donc viser à trouver une voie de croissance intermédiaire qui ne résume pas à « trouver des compromis », mais qui suppose également un effort d'invention de sa part. Cet effort, pour lequel certains évoqueraient la notion de « génie organisationnel », doit permettre de dépasser l'antagonisme entre la structuration d'une fonction managériale (management des processus de différenciation) et la structuration d'un référentiel de création soutenant les opérations de densification de l'artiste (management des processus de densification).

A un niveau opérationnel, il semble donc que les actes de gestion génériques identifiés dans la partie précédente puissent guider ces nouvelles pratiques de gestions. Ainsi :

-   Sur la construction de l'identification partagée de la densification : comme nous l'avons vu, l'identification partagée de la densification est fondamentale. Selon le niveau de structuration du référentiel artistique, les langages de densification seront plus ou moins connus et stabilisés. Chez Hamadryade ou dans le cas du TAM, il était impératif d'explorer en profondeur ces langages. Dans le premier cas, la conduite de cette exploration a permis de dépasser une crise majeure, dans l'autre, le dialogue de sourds entre Nemirovic et Stanislavski, ainsi que l'incompréhension quasi générale du travail de densification a conduit à l'éclatement du collectif.

- Sur la construction des dispositifs de création : alors que dans le cas d'Hamadryade, la constitution d'une « palette végétale » pour Éliane a été un élément déterminant de la structuration de son référentiel de création, les autres cas montrent que les situations varient. Ainsi, dans le cas de Bc-Bg la « palette » de Bruno existait déjà (Cf. : la collection d'échantillons et la « matériaux-thèque ») et bien qu'elle demeure importante, Bernard n'a pas eu besoin de la *créer*. De même, dans le cas d'Atelier Phare et de Forge Production, Fabrice et Cédric n'ont pas eu besoin de construire ce type de dispositifs aussi profondément, que dans le cas d'Hamadryade ou comme il aurait été nécessaire de le faire au sein du TAM.

- Sur l'organisation du travail de densification : chez Hamadryade, l'organisation de l' « atelier de conception » d'Éliane a impliqué de repenser en profondeur la division du travail, ainsi que les processus de conception. Tel aurait sûrement dû être le cas au sein du TAM, afin d'éviter l'éclatement du collectif (i.e. : l'organisation du « Studio » de Stanislavski en dehors de l'EPA). En revanche, dans le cas de Bc-Bg et de Forge Production, le niveau de structuration du référentiel (à l'échelle globale) est tel que, tant les méthodes de travail, que les professions artistiques, sont identifiées et mobilisables pour les opérations de densification. Le cas de Fabrice est un peu à part, car les métiers et les méthodes existent, mais l'intervention du langage de l'architecture et de la signalétique ont toutefois été nécessaires, pour organiser l'activité de densification collective (échec de la première tentative).

- Sur la construction des dispositifs de jugement : dans tous les cas, il est apparu nécessaire de renouveler les dispositifs de jugement existants, pour prendre en compte les logiques locales de la densification. Ainsi, les dispositifs de jugement des projets d'architecture (esquisse, avant-projet, projet, concours...) ne sont pas entièrement adaptés au projet de création d'Eliane ou même aux concepts scénographiques de Bc-Bg (cf. la remarque de Bernard sur les limites des dispositifs d'évaluation actuels). De même, les dispositifs de soutien étatique au cinéma, avant tout fondés sur le « langage du scénario », semblent limités pour prendre en compte les opérations de densification jouant sur d'autres dimensions de la « matière filmique », forçant ainsi Cédric à autofinancer des « démos » pour rendre visible son travail.

- Sur la gestion des multiples postures du client : dans tous les cas, nous avons identifiés des « clients toxiques » avec lesquels une entreprise de création ne doit pas travailler. De même, la relation client, lorsqu'elle est directe, intègre systématiquement une construction du « regard » du commanditaire. Toutefois, la capacité de prescription sur les clients est plus ou moins forte selon le niveau de structuration du référentiel de création (à l'échelle globale). Par exemple, dans le cas de Forge Production, Cédric n'a pas à faire au « spectateur » en direct, mais à des intermédiaires, sur lesquels il a pour le moment une faible capacité de prescription[46]. Aussi, tout en étant dans l'absolu nécessaire pour tous les cas, la construction des postures du client n'est pas toujours possible.

En résumé, au regard des cas complémentaires étudiés, les cinq actes de gestion identifiés dans le cas principal semblent avoir une pertinence pratique étendue. Toutefois, selon les situations, ils ne sont pas forcément nécessaires ou même possibles. De même, il se peut que d'autres actes non identifiés dans ce travail soient nécessaires. Cette liste ne se veut donc pas exhaustive mais uniquement illustrative des modes d'incarnation des principes d'un management des processus de densification.

---

[46] Nous avons conscience que les nouvelles technologies de l'information sont en train de modifier ces rapports de force. Nous avons d'ailleurs, par exemple, eu l'occasion d'échanger à ce propos avec Cédric, qui nous confiait alors que ces techniques ouvraient de nouvelles perspectives sur la structuration de la relation au « client final ». Par exemple, afin de toucher un public plus large, un label partenaire de Forge voulait obtenir un « showcase » officiel, dans un magasin d'une très grande chaîne de distribution de musique. La maison de production refusait et ne croyait pas à la valeur du projet. Grâce à Internet, le label a alors organisé un show case « sauvage » de grande ampleur, devant le magasin en question. Le succès fut tel, que la maison de production révisa ensuite sa stratégie et débloqua un nouveau budget..

Conclusions

Alors qu'une entreprise classique vise surtout une croissance commerciale, notre enquête s'est attachée à montrer que les entreprises de création visent également à accroître *un potentiel de signification*. Mal compris, cet objectif peut conduire à de multiples crises en pratique ; que ce soit sur l'espace de conception ou sur l'espace de jugement, le référentiel de création de l'artiste peut en être très affecté. Notre travail d'enquête a donc cherché à élaborer une meilleure compréhension de la *structure* et de la *dynamique* de ces référentiels de création. Ce faisant il a établi de nouveaux principes de management pour les entreprises de création contemporaines.

Partant d'une expérience fondatrice dans une agence de création de jardins, le point de départ de notre travail a été d'interpréter un certain nombre de crises rencontrées pour organiser l'activité de création comme les conséquences d'un impensé organisationnel, à savoir : les *régimes de signification*. Explorer cet impensé nous a conduit à recourir à une théorie de la signification. Pour ce travail, nous avons choisi de nous tourner vers la philosophie esthétique de Nelson Goodman et avons fait un usage de sa théorie des modes de symbolisation. Cela nous a permis de conceptualiser la « logique du détail signifiant », à laquelle nous avions été confronté en pratique, et de distinguer deux régimes de signification antagonistes : la *différenciation* et la *densification*.

Notre enquête s'est alors poursuivie via une analyse sémio-pragmatique des rendus de création de l'entreprise étudiée. Nous avons alors relié l'antagonisme des régimes de signification de la *différenciation* et de la *densification* aux difficultés d'organisation du travail et de la relation client rencontrées par les acteurs de terrain. L'un des résultats importants fut de comprendre qu'un quiproquo s'était installé sur la nature de la pratique de création de jardins étudiée et que ce quiproquo avait conduit à des erreurs de gestion. En particulier, l'enquête a révélé que le modèle de l'architecte avait pesé sur la manière d'appréhender collectivement le référentiel de création de l'artiste et qu'il avait fallu restaurer une pratique de création singulière, qui fait de la plante un « composant dense » au potentiel de signification inépuisable.

Sur la base de ces résultats, nous avons tenté de dégager des implications pratiques pour le management des entreprises de création. A un niveau structural, nous avons défini des principes d'un *management des processus de densification* et illustré au travers de notre cas principal, comment il peut s'incarner en pratique pour conduire la structuration du référentiel de création d'un artiste. A un niveau dynamique, nous avons montré comment les notions dégagées permettent d'appréhender les dynamiques de croissance des entreprises de création. L'intérêt de ce schéma conceptuel a été illustré sur quatre cas complémentaires et nous a permis de fournir des pistes d'un management stratégique des entreprises de création.

Comme tout travail de recherche, cette enquête possède évidemment des limites et mériterait d'être confrontée à d'autres interprétations et à d'autres cas. Par exemple, à un niveau structural, si nous avons choisi d'aborder les régimes de signification à partir de la théorie de Nelson Goodman, il aurait été possible de se référer aussi aux travaux de Charles Sanders Peirce sur les processus de *sémiose*. Dans des travaux récents, nous avons d'ailleurs montré l'intérêt de la sémiotique peircienne pour étudier les activités de design (Jutant et al.). L'option retenue dans ce livre n'est donc pas une option fermée et d'autres pistes d'interprétation peuvent être ouvertes. Ces pistes devraient sans aucun doute permettre d'enrichir notre analyse des régimes de signification, ainsi que la liste des principes de management associés.

A un niveau dynamique, nous avons fait référence aux théories dynamiques de la forme et de l'émergence de singularités, en particulier aux travaux de René Thom sur la morphodynamique des structures de signification. Une première voie de poursuite de notre travail est de rendre robuste un tel usage qui n'a été que métaphorique ici, par exemple en suivant la voie ouverte par Jean Petitot sur la dynamique du sens. Cette voie paraît très féconde pour analyser les dynamiques *référenciées* des référentiels de création, c'est-à-dire l'émergence des structures de la densification pour un référentiel donné. En revanche, pour étudier les dynamiques *référenciantes*, c'est-à-dire intégrant des changements structuraux sur les référentiels de création, il nous semble qu'une autre voie soit nécessaire.

Dans des travaux récents, nous avons ainsi ouvert une voie alternative avec la mathématicienne française Andrée C. Ehresmann, spécialiste de la théorie des catégories et fondatrice, avec Jean-Paul Vanbremeersch, de l'approche des *Systèmes Evolutifs à Mémoire* (Ehresmann and Vanbremeersch 2007). L'objectif de ce travail est de construire D-MES, un système évolutif à mémoire particulier, afin de modéliser les transformations successives d'un système de conception et de rendre compte des changements structuraux inattendus pouvant survenir au cours du temps et de l'action. Cette approche nous a déjà permis de conceptualiser les « *working designers* » et de réinterpréter le cas de l'agence de création de jardins étudiée dans cet ouvrage (Béjean et Ehresmann, publication à paraître).

Nous conclurons ici, provisoirement, la réflexion par un mot de Nelson Goodman : « *Dans la plupart des arts, le fait que les compétences du producteur [producer] soient essentielles à l'organisation est une vérité aussi négligée qu'évidente. [...]Toutefois, une étude plus approfondie des aspects de la gestion des arts propres à la production artistique fait encore cruellement défaut, qu'il s'agisse des modes de sélection des directeurs, des exécutants, des compagnies, des problèmes spécifiques du travail avec des artistes, du maintien des exigences artistiques quand les difficultés pratiques sont importantes, des moyens de développer la sensibilité et l'intérêt du public futur, du choix entre objectifs multiples ou de leur intégration – production supérieures, développement de l'art et des artistes, éducation du public et survie. Il est urgent d'étudier le problème déroutant de la façon dont on peut stimuler de telles compétences* » (Goodman 1996, p.80-81).

L'enquête se poursuit donc...

Annexes

Annexe 1 – Le « arts management »

Dans cette annexe, nous présentons en détail le champ de littérature dominant portant sur la gestion des entreprises artistiques et culturelles, nommé « arts management ». Nous commençons par rappeler les objectifs initiaux de ces travaux, puis nous décrivons leur évolution générale jusqu'à récemment. Nous restituons ensuite les résultats principaux de ce courant de recherche. Compte tenu de la structure des recherches, nous avons privilégié une présentation par discipline gestionnaire : stratégie, marketing, contrôle et gestion des ressources humaines (GRH). Cette synthèse ne se veut pas exhaustive et présente uniquement les travaux éclairants pour comprendre la dynamique du champ.

Un corpus destiné à l'administration culturelle

Chong (2002) rappelle que le « arts management » est né au États-unis durant les années soixante et qu'il a d'abord visé à imposer de nouveaux impératifs économiques aux organisations artistiques et culturelles : « *The 'logic of industrialization' assumes that the goals of arts organizations converge like those of business corporations, with deviations from the 'one best way' eliminated by a process of social Darwinism.*» (Chong, p.1) L'idée était ainsi de former les directeurs d'organisations artistiques aux méthodes classiques de management et de restaurer la figure de l' « administrateur ». Cette vision classique a ensuite été remise en question à partir des années quatre-vingt, notamment en raison de l'évolution générale du discours managérial favorisant une vision moins administrative :

- La figure classique de l'administrateur culturel : de nombreux auteurs défendent une vision classique de l'activité managériale dans les univers artistiques et culturels (voir par exemple: Shore 1987; Kotler et Scheff 1997; Byrnes 2003; Scheff Berstein 2007). Cette perspective ne s'éloigne pas de l'approche fayolienne et les fonctions managériales demeurent de « prévoir, d'organiser, de commander, de coordonner et de contrôler ». Byrnes (2003) précise d'ailleurs : « *[we] will examine how the manager of the arts can use the processes of* planning, organizing, leading, *and* controlling *to facilitate the operation of an organization and fulfill its mission in these uncertain times. These four functions of management are the basis for the working relationship between the artist and the manager.* » (Byrnes 2003, p.6) D'autres travaux vont tenter de montrer que l'approche administrative classique est insuffisante dans le cas des entreprises artistiques et culturelles. Cette perspective s'inscrit dans le retournement du discours managérial des années 90 et mobilise principalement les notions de « complexité », d' « émergence », d' « incertitude » ou encore d' « immatérialité », supposées caractéristiques de nos sociétés postmodernes.

- Les spécificités des contextes artistiques : les méthodes et objets d'étude des travaux critiques ne sont certes pas homogènes, mais ils partagent tous le même objectif : renouveler les rapports classiques entre art et management et montrer qu'ils peuvent être pensés au-delà d'une opposition franche ou d'une prescription unilatérale. Colbert et Evrard (2000) déclarent ainsi : « *Arts management is frequently perceived as constituting a new terrain for the dissemination of managerial thought [...]. This approach perceives the arts as a managerially underdeveloped area that would benefit from being fertilized (some would even say "normalized") by the importing of managerial knowledge and techniques. This perspective obviously questions the specificity of arts management and casts doubt on the academic legitimacy of research in this field [...]. Faced with this situation, arts management researchers [...] can adopt a more offensive stance by studying the research in arts management in order to identify the contributions of arts management to general management, thereby demonstrating that the exchanges between these areas are not only one-way.* » (Evrard et Colbert 2000, p.7-8)

La perspective critique du « arts management » est donc relativement récente (Evrard et Colbert 2000; Agid et Tarondeau 2003; Filser 2005; Béjean 2007c), mais elle a déjà donné lieu à l'émergence de plusieurs revues académiques spécialisées dans la gestion des organisations artistiques et culturelles (pour une évaluation récente de ces revues voir : (Rentschler et Shilbury 2008)), ainsi qu'à une explosion des programmes de formation à l'« administration culturelle » (Dewey 2004). Tant ces revues, que ces nouvelles formations spécifiques sont organisées selon les disciplines classiques de l'administration d'entreprise : stratégie, marketing, contrôle (finance, comptabilité, contrôle de gestion...) et gestion des ressources humaines (GRH). En reprenant cette structuration, nous allons maintenant détailler leurs apports.

Les travaux en stratégie d'entreprise

Les auteurs en stratégie reconnaissent la tension entre objectifs artistiques et commerciaux (Busson et Hadida 1993; Lampel, Lant et Shamsie 2000). Ils ont alors d'abord tenté de minimiser les *risques* commerciaux, inhérents aux activités artistiques et culturelles. Mais, cette perspective, assez classique, a ensuite été abandonnée au profit d'une réflexion plus approfondie sur la *nature* des produits artistiques et sur leur impact en ce qui concerne la *formulation* de la stratégie :

- Minimiser les risques est-il suffisant ? selon Björkegren (1993) l'« unicité » des produits artistiques est la cause principale de l'incertitude de marché élevée au sein des univers culturels (Björkegren 1993). Il précise : « *An important characteristic of art production from a commercial point of view is [...] the great unpredictability of the market response to individual art products* » (Björkegren 1993, p.1). Dans une optique classique de minimisation des risques l'auteur suggère alors de distinguer deux types de stratégie, l'une à court terme et l'autre à plus long terme : « *A commercial business strategy implies art on the market's terms. [...]. A cultural business strategy implies art on the artist's terms, and takes a longer view.* » (Björkegren 1993, p.9). Mais Bilton (1999) souligne que l'approche de Björkegren (1993; 1996) repose sur une vision classique de la stratégie industrielle et qu'elle réduit les produits culturels à des produits classiques. Or ces produits ne sont pas des biens classiques, mais des biens « symboliques » définis comme : « *commercial products which communicate symbolic meanings to consumers.* » (Bilton 1999, p.4). Il affirme alors : « *What [Björkegren's two business] strategies have in common is an attempt to make unpredictable symbolic goods follow the same patterns of investment and performance as material commodities.* » (Bilton 1999, p.9). Selon cet auteur, l'imprévisibilité des produits artistiques est donc intrinsèquement liée à leur nature « symbolique » et elle dépend presque autant de celui qui reçoit (ou consomme) que de celui qui produit l'œuvre. Or, on ne peut pas prévoir comment une œuvre sera reçue par un public (ou un consommateur).

- Une incompréhension des caractéristiques des produits artistiques : beaucoup d'auteurs insistent sur la spécificités des produits artistiques et culturels (voir par ex : (Colbert, Nantel, Bilodeau et al. 1993; Assassi 2003)). Selon Hirsch (1972), ces difficultés viennent du fait que les produits culturels échappent aux définitions traditionnelles de « bien », héritées de l'économie classique et néo-classique notamment en raison de leur immatérialité : « cultural products are]'*non-material' goods directed at a public of consumers, whom they generally serve an aesthetic or expressive, rather than a clearly utilitarian function* » (Hirsch 1972, p.641). Barrère et Santagata (1999) estiment quant à eux que la *signification* des produits artistiques est à l'origine de leur spécificité. Selon ces auteurs, le caractère « symbolique » de ces produits mérite ainsi une conceptualisation plus poussée. A partir du concept de « biens sémiotiques » développée par Panofsky, ils proposent la notion d'« *artistic semiotic goods* » (Barrère et Santagata 1999). Cette notion théorique vise à tenir compte de l'intention du créateur, ainsi que de sa reconnaissance en tant que *signe esthétique* dans un contexte culturel donné. On aboutit alors à ce que Lash et Urry (1994) appellent une « sémiotisation de la consommation », où les individus consomment du « sens » et non pas que des « produits »[47]. Ce phénomène constituerait d'ailleurs un phénomène économique général et caractéristique de nos économies contemporaines dans leur ensemble (Lash et Urry 1994). Toutes ces approches suggèrent que dans le cas des entreprises artistiques, les raisonnements de la stratégie classique ne sont applicables.

---

[47] Cet élément explique par exemple la difficulté à décrire les courbes de *demande* dans le cas des biens culturels. Ainsi, Marshall (cité dans (Benhamou 2004)) a été l'un des premiers économistes à s'étonner sur la non décroissance de la demande de consommateurs de musique. Alors que les courbes classiques prévoient une diminution de la réponse à une offre musicale, certains amateurs, dont les capacités d'écoute progressent, répondent au contraire de manière accrue à cette offre. Pour un même produit il n y a pas d' « érosion » de la demande. En management, le marketing a étudié ces « cycles de vie » spécifiques des produits artistiques (Colbert, Nantel, Bilodeau et al. 1993).

- La formulation de la stratégie dans les « small creative firms » : d'après Bilton (2006), le modèle classique de la stratégie n'est pas adapté à des contextes émergents et complexes comme les industries créatives. Il dénonce le mythe d'un modèle stratégique fondé sur un entrepreneur visionnaire et correspondant à une représentation portérienne de la stratégie (Porter 1985), conçue comme une orientation programmée à l'avance[48]. Il souligne en outre que la littérature stratégique classique néglige les stratégies d'indépendants et de « pseudo indépendants » que mène une myriade de petites entreprises, pourtant à la base de la créativité du secteur (Bilton 1999, 1999). Autrement dit, les auteurs classiques de la stratégie n'observent pas les « bonnes » formes d'organisations, c'est-à-dire où se situent les véritables enjeux de création, et il n'est pas étonnant qu'ils décrivent des logiques stratégiques plus classiques, puisqu'ils observent des formes d'entreprises très traditionnelles, comme les « majors » par exemple. D'autres travaux confirment que le « secteur culturel » se caractérise par la présence d'une multitude d'organisations de petite taille, souvent structurées sur la base de projets (Busson et Hadida 1993) et pouvant former des « organisations latentes » originales et innovantes (Starkey, Barnatt et Tempest 2000). Pour ces « small creative firms », Bilton (2006) propose alors de considérer un modèle stratégique « incrémental », fondé sur un processus collectif et partagé et correspondant à une vision de la stratégie en tant qu'animation de processus complexes et chaotiques. Selon cette approche, la stratégie est davantage *formulée* (Mintzberg et Waters 1985), que *décrétée*, et le changement recherché est évolutif et non plus forcément révolutionnaire. Le manager devient un « orchestrateur » de la décision stratégique (Bilton 2006, chap.5).

En conclusion, s'il est vrai que l'incertitude de marché pose des problèmes de stratégie importants dans les univers artistiques, de nombreux travaux indiquent qu'il serait vain de chercher à « minimiser les risques » avec les mêmes stratégies que pour les produits classiques. Ces raisonnements réducteurs reposent, d'une part sur une incompréhension de la spécificité des produits artistiques, et d'autre part, sur l'observation de firmes très structurées, où les enjeux de création ont déjà été réglés en amont. D'après certains auteurs, la « créativité » du secteur culturel repose ainsi sur l'activité de petites entreprises indépendantes : les « small creative firms ». Ce type d'entreprises ne partage pas les mêmes objectifs de croissance que la plupart des entreprises traditionnelles. Elles sont ainsi souvent organisées sur la base de *projets* et les objectifs de création y sont primordiaux.

---

[48] Dans une autre perspective, Fitzgibbon (2001) souligne également les limites d'un management des risques classique. A partir des travaux de Van de Ven (1986) sur l'innovation, elle montre que l'incertitude n'est justement pas un frein au développement des entreprises artistiques, mais qu'elle peut au contraire être un levier d'action stratégique pour innover (Fitzgibbon 2001).

Les travaux en marketing des arts

Le *marketing* a historiquement été la discipline la plus active dans le champ du « arts management ». Deux raisons principales ont poussé les auteurs à s'intéresser relativement tôt aux organisations artistiques. D'une part, d'après Colbert (1993) les premiers travaux académiques à s'intéresser au « marketing des arts » remontent à ceux de Kotler (1967, 1969) (cité dans: Colbert, Nantel, Bilodeau *et al.* 1993). Ce dernier, faisait alors un constat assez simple : dans la mesure où les organisations artistiques sont confrontées à une concurrence grandissante, qu'elles ont des clients et des produits à vendre, elles sont un objet d'étude pour le marketing (Kotler 1967; Kotler et Levy 1969). Kotler et Scheff (1996, 1997) ont ensuite chercher à montrer en quoi le marketing traditionnel pouvait aider ces organisations à évoluer dans un contexte commercial inédit (Kotler et Scheff 1996a) et à nouer des « collaborations stratégiques » pour prospérer (Kotler et Scheff 1996b, 1997).

D'autre part, le marketing des arts trouve ses origines dans des travaux sur les spécificités de la consommation et de la production en art. D'un côté, Holbrook et Hirschman (1982) ont développé la notion d' « expérience » de consommation pour prendre en compte le phénomène de « sémiotisation de la consommation », que nous avons mentionné précédemment. D'un autre côté, dans un article influent, Hirschman (1983) a souligné les limites des concepts marketing classiques pour tenir compte des spécificités de la production artistique : « *It is proposed that the marketing concept – as a normative framework – is not applicable to two broad classes of producers because of the personal values and social norms that characterize the production process. These two types of producers are artists and ideologists* » (Hirschman 1983, p.46). Elle conclut alors : « *We should not attempt to reconstruct them to suit marketing assumptions; rather, marketing concepts and technologies should be modified to fit their essence* » (Hirschman 1983, p.54).

D'après cet auteur, il est donc nécessaire de reconstruire de nouveaux concepts pour le marketing à partir de la logique de l'artiste. A partir de ces travaux fondateurs, de nombreux *travaux critiques* ont cherché à montrer que dans les contextes artistiques le marketing ne peut se réduire à l'importation des concepts traditionnels, limités pour englober le champ de l'art et de l'esthétique (ex: Butler 2000; Lee 2005) et pour intégrer des logiques marchandes singulières, où le « profit » n'est pas nécessairement recherché pour lui-même (Sargeant 1999).

Reprenant les travaux précurseurs de Mokwa, Melillo et Diggle dans les années quatre-vingt, Colbert, Nantel, Bilodeau et Poole (1993) montrent que l'offre artistique, en innovant, met en jeu des logiques « prototypiques », qui n'ont pas nécessairement de public existant et dont il est impossible de prévoir le succès à l'avance. Pour préserver cette logique d'innovation, le marketing doit donc être orienté sur l'œuvre et l'artiste et ne se tourner qu'ensuite vers la recherche d'un « marché potentiel ». Butler (2000) précise d'ailleurs que le « marketing des arts » est un marketing « orienté produit » (Butler 2000, p. 359) et Chong (2000) précise : « *a distinctive style must be protected and nurtured. Artistic integrity means*

132

that an arts organization needs to go beyond the consumer-led stance associated with conventional managerial orientation. In many, respects giving the public what it wants can be interpreted as an abdication of responsibility » (Chong 2000, p.238).

L'entreprise, et la fonction marketing en particulier, sont donc conçues comme des cadres ayant pour rôle de soutenir et d'encourager les artistes. Ce soutien porte à la fois sur le développement du public :

- Développement du public et levée de fonds : d'après les auteurs, au niveau de la production, le rôle d'un administrateur culturel n'est pas de remplacer l'artiste, seul à pouvoir créer des « œuvres », mais de lui trouver les *ressources* suffisantes pour les réaliser ou les présenter. Ces ressources sont avant tout d'ordre *financier,* car, selon les auteurs, les « arts » sont intrinsèquement déficitaires[49]. Il n'est donc pas question d'interférer dans la production artistique, supposée existante et autonome, mais d'en *maîtriser* les dépenses et d'en *diversifier* les revenus. En marketing, deux questions principales de recherche sont alors abordées : comment augmenter les ventes ? Comment diversifier les revenus ? La première question renvoie au thème du « développement du public » (« *audience development* ») (voir par ex.: Kawashima 2000). Il s'agit alors principalement d'études sur les déterminants de la fréquentation des lieux, et, en particulier, de l'impact de la politique de prix (Colbert, Beauregard et Vallée 1998) ou de l' « identité perçue » des organisations (Gombault 2003; Ouellet, Savard et Colbert 2008), ou encore de l'attente du public (Pulh, Marteaux et Mencarelli 2008). Chong (2000) déclare alors : « *For too long, audience development has been constrained within the preserve of corporate marketing discourses. Barriers to first-time visitors include ticket prices and perceived images of exclusivity [...]*» (Chong 2000, p.239) La seconde question renvoie au thème de la « levée de fonds » (« *funds raising* ») (Rentschler 2001)[50]. Il s'agit alors principalement d'études sur la diversification des ressources financières d'une organisation artistique, par exemple en ayant recours au mécénat culturel, au « patronage », ou au « sponsoring »,... Chong (2000) déclare à ce propos : « *Revenue enhancement [...] often means diversifying the revenue structure [...]* » (Chong 2000, p.239).

- Construction de la réputation et communication : la question de la valorisation des œuvres concerne en premier lieu la réception de l'œuvre par le public. Ainsi, Pick et

---

[49] Cette problématique se pose de manière accrue dans les « arts vivants », pour lesquels les « gains de productivité » sont supposés nuls selon les auteurs (Baumol et Bowen 1966; Kotler et Scheff 1996a). Ainsi, la représentation d'une pièce de Molière prendra toujours autant temps et les acteurs ne peuvent devenir plus « productifs » en répétant.
[50] Dans le cas de la gestion de musées, Rentschler (2001) identifie deux profils managériaux, parmi quatre au total, qui intègrent cette donnée à leur stratégie de développement. Le « fundraising » est ainsi conçu, soit comme une conséquence de la créativité - profil du « creative manager » -, soit comme une cause de la créativité - profil du « managerialist ». Dans les deux cas, il est un élément stratégique déterminant qui peut permettre la professionnalisation et la survie de la production artistique (Rentschler 2001).

Anderton (1995) estiment qu'une œuvre d'art ne peut exister réellement que si elle est reconnue et acceptée par un public : « *a work of art is not truly born until it has been received by the public. Thus the art administrator's work takes place essentially in the public realm, and involves a delicate perception of whether this art may be understood and give benefit to, or even be tolerated by, that audience* » (Pick et Anderton 1995, p.17)[51] D'autre part, une autre spécificité des contextes artistiques est l'existence d'une multitude d'acteurs influents sur le marché de l'art. Ces acteurs forment des « mondes de l'arts » complexes et multi-agents. Outre les artistes et le public, il s'agit par exemple des critiques d'art, des grands acheteurs, des institutions, des États, etc. Ces acteurs ont un fort impact sur la formation de la valeur des œuvres, qui dépend fortement de la réputation des artistes, ainsi que de leur visibilité institutionnelle (Butler 2000). En marketing, deux questions principales de recherche sont donc posées : comment maximiser la *réputation* de l'artiste (ou de l'organisation artistique) ? Comment améliorer la *visibilité* de l'artiste (ou de l'organisation artistique) auprès de son public ? La première question renvoie au thème des « collaborations stratégiques » (Kotler et Scheff 1996b). Il s'agit alors de multiplier les collaborations avec d'autres organisations et d'utiliser une communication multi-segment, afin de mobiliser au mieux le soutien de l'ensemble d'un « monde de l'art » (Colbert, Nantel, Bilodeau et al. 1993; Hill, O'Sullivan et O'Sullivan 2003). La seconde question renvoie au rôle des connaissances du public (Renz et Boerner 2008; Aurier et Passebois 2004) et à son « éducation ». Mais le plus souvent, cette tâche difficile, incombe selon les auteurs davantage aux États qu'aux administrateurs culturels : « *The political mantra of 'education, education, education' has been adopted by virtually all arts organizations, even though it is widely recognized that governments need to lead the way in providing and that the task of growing audiences remains arduous and requires a long-term perspective.* » (Chong 2000, p.239)

Les travaux sur les fonctions de contrôle

À notre connaissance, malgré des besoins rencontrés sur le terrain (Turbide, Laurin, Lapierre et al. 2008), peu de travaux académiques ont été réalisés sur ces questions. D'après Turbide et Hoskin (1999) cette situation s'expliquerait par le fait que, tant la finance, la comptabilité, que le contrôle de gestion, ont traditionnellement charrié des stéréotypes très négatifs dans les univers artistiques et culturels (voir aussi : (Rousseau, Lafortune et Bégin 1995; Chiappelo 1998)). Réduits à leurs fonctions de prescription, ces disciplines ont longtemps été perçues comme inutiles, destructrices de valeur et, dans le meilleur des cas, comme un « mal nécessaire » (Lapierre 2001). De ce fait, d'un point de vue académique, même si Chiappelo (1998) note une évolution positive depuis quelques années, peu de travaux ont été réalisés

---

[51] Il découle de ce constat que le rôle du manager est de corriger les erreurs de « jugement » du public : « *the art administrator has a duty, so far as possible, to redress wrong judgment, and to counter the imbalances which may have led us unfairly to denigrate a particular form of art* (…) » (Pick et Anderton 1995, p. 25)

en dehors de l'application de critères d'évaluation classiques. D'un point de vue pratique, malgré la confirmation d'une évolution positive, les outils semblent donc encore manquer sur le terrain, notamment en ce qui concerne le contrôle interne (Lafortune, Rousseau et Bégin 1999).

On peut toutefois faire remarquer que les problèmes observés par les auteurs, en économie comme en management, renvoient souvent à l'idée que la qualité, ou que l'efficacité des prestations artistiques, est *en elle-même* « insaisissable » (Greffe 2002). Par exemple, dans un rapport sur le financement de l'industrie du disque en France, Cocquebert (2004) souligne les limites des méthodes et outils d'évaluation classiques pour ce secteur : « *Il existe de nombreuses méthodes de valorisation des entreprises. Ces différentes approches, même si on les combine en pondérant les résultats pour en tirer une moyenne, ne permettent malheureusement pas d'aboutir à une valeur 'indiscutable'* ». (Cocquebert 2004, p.25) Ainsi, en ce qui concerne les « catalogues » de ces entreprises, il ajoute : « *[les catalogues] ne peuvent également êtres estimés qu'en fonction des revenus qu'on peut raisonnablement espérer en tirer. [..]Cette approche nécessite fréquemment le recours à différents scénarii, dont la vraisemblance devra être pondérée pour aboutir à une valeur du catalogue. [...] L'expérience prouve que cette approche aboutit à des montants généralement inférieurs à ceux des transactions réelles*» (Cocquebert 2004, p.26-27).

Mais, sans développer davantage cet aspect ici, ces difficultés ne sont pas spécifiques aux entreprises artistiques. Elles renvoient plutôt à une interrogation générale sur les capacités de mesure de la qualité d'un bien, ou de la performance d'une prestation. Ainsi, par exemple, les discussions qui ont eu lieu sur la notion de « *good will* », la réforme des normes de comptabilité internationale, ou encore l'analyse des risques de « réputation » pour l'ensemble des firmes de l'économie de la connaissance (Scott et Walsham 2005) témoignent d'une difficulté plus générale à évaluer ce que les auteurs nomment des « actifs immatériels » (« *intangible assets* »).

Les travaux en gestion des ressources humaines

Influencés par les travaux en sociologie des professions, de nombreux chercheurs se sont intéressés à la spécificité de la gestion des artistes. Trois classes de difficultés majeures peuvent être distinguées :

- La description de besoins en main d'œuvre pour des métiers très instables : les travaux du Centre de Gestion Scientifique de l' École des Mines de Paris sur les institutions culturelles (Kletz, Moisdon et Pallez 1993; Fixari, Kletz et Pallez 1996), ont mis en évidence les difficultés de *description* et de *classification* des métiers du monde culturel. Ainsi, dans le cas des institutions culturelles, selon Fixari, Kletz et Pallez (1996) : « *pour chaque activité, pour chaque service, voire pour chaque individu: la définition des tâches est, dans la plupart des cas, imprécise[...]* » (Fixari, Kletz et Pallez 1996, p.18), si bien que : « *au total, cet univers particulièrement mouvant*

135

[...]semble devoir être relié aux spécificités de l'activité culturelle elle-même, qui est peu formalisable. Ceci est de plus renforcé par le déficit des systèmes de gestion en présence, où [...] il n'y a pas de définition précise des tâches, où les dispositifs permettant la coordination des acteurs ne sont qu'en voie d'introduction, et enfin où les systèmes d'évaluation sont quasiment inexistants » (Fixari, Kletz et Pallez 1996, p.22). Selon ces auteurs, les outils classiques de classification ou d'évaluation des métiers « butent » donc devant la dynamique de l'activité artistique.

- La réponse aux attentes de collectifs opposés au monde de l'entreprise : la sociologie des professions montre que les artistes sont aussi des « professionnels » (Moulin 1983, p.18), appartenant à des mondes de l'art spécifiques (Becker 1982, 1983), et où la production collective des œuvres repose sur des conventions partagées (Becker 1982, 1983), souvent en opposition avec celles du management (Chiappelo 1998). Ces travaux ont ainsi conduit à un rapprochement entre les interrogations académiques sur le management des professionnels en général (ex : les médecins, les avocats, consultants...) et le management des artistes en particulier (ex.: Mintzberg 1998). En management, il est admis que l'une des difficultés spécifiques du management des artistes réside dans une culture sociologique de « clan », rétive aux tentatives de rationalisation managériale (Kéravel 1993; Castaner 1995; Chiappelo 1998). A ce propos Kéravel (1993) précise: *« Dans l'entreprise artistique, l'introduction de la gestion des ressources humaines heurte cette culture clanique et contribue à entretenir des craintes [...]. Certains artistes auront du mal à reconnaître la contribution de [chaque membre] au projet culturel de l'entreprise (à ne pas réduire au seul projet artistique) et vivront [les arbitrages de différenciation] comme des remises en question du primat de la fonction artistique. [De même], la gestion des ressources humaines introduit des critères de promotion et de recrutement autres que l'épreuve initiatique du terrain et l'accès lent aux responsabilités qui est le garant de cette « culture de clan ». [Enfin], l'apparition de nouveaux métiers comme ceux de spécialistes de la gestion [...] est souvent ressentie par les artistes comme une intrusion dans leur domaine réservé. »* (Kéravel 1993, p.109). Ces oppositions de valeurs et d'objectifs nuisent souvent aux relations entre la fonction managériale et le centre opérationnel (Chiappelo 1998).

- Les difficultés juridiques posées par la création : les difficultés à recruter ou à rémunérer des artistes dépendent fortement de la capacité, ou non, du « droit » à décrire et reconnaître l' « artiste » dans un pays donné. Concrètement, cette difficulté se traduit par un flou et une variété des conditions de l'artiste dans nos sociétés contemporaines[52]. Les situations dépendent alors beaucoup du droit *local* et la loi ne reconnaît pas nécessairement de « statut » juridique, fiscal ou social à l'artiste dans tous les pays. En France, par exemple, le système de sécurité sociale fait une

---

[52] Voir les études de l'Observatoire Mondial sur la Condition sociale de l'Artiste créé en 1997

distinction entre les artistes du spectacle vivant (ex : régime des « intermittents du spectacle ») et les artistes des « arts visuels » (ex : « Maison des Artistes », « Agessa »). La notion d' « éphémérité » était, parmi d'autres, à la base de cette distinction. Le droit distinguait ainsi, d'un côté, des œuvres « plastiques » supposées investir un espace sans forcément interroger la temporalité, et de l'autre, des œuvres « vivantes » s'inscrivant dans des temporalités brèves sans nécessairement renouveler les formes de spatialité. Or, les pratiques artistiques contemporaines sont venues brouiller ces frontières. En France, c'est plus généralement la « création salariée » qui pose problème (Béjean, Drai, et Segrestin 2014)

En résumé, la littérature permet de comprendre que la dynamique des activités artistiques remet en question les leviers d'action classiques de la GRH. Ainsi, en premier lieu, la logique de renouvellement des pratiques artistiques complexifie la description des métiers. En second lieu, les attentes des artistes, comme dans de nombreuses organisations « professionnelles », peuvent conduire à des conflits de valeurs et d'objectifs, entre la fonction managériale dirigeante et le centre opérationnel. En troisième lieu, le cadre légal, nécessaire à la contractualisation des parties, n'est pas toujours existant selon les pays. De surcroît, quand il existe, il se trouve mis à l'épreuve par la logique de création des artistes et doit sans cesse s'ajuster, pour caractériser des situations nouvelles.

Les travaux sur les fonctions de direction

Les travaux sur les fonctions de direction et le leadership montrent qu'il existe une tension entre direction administrative et artistique. Le modèle de « codirection » est souvent présenté comme une solution organisationnelle permettant de gérer l'antagonisme entre les objectifs artistiques et commerciaux. Par exemple, alors que Chiappelo (1998) propose la notion de direction « binomiale », pour trouver des « compromis organisationnels », visant à résoudre les tensions sociologiques de la critique artiste du management[53], Voogt (2006) reprend les travaux de Gronn (1999) sur le « leadership distribué » et présente le « dual leadership » comme un outil efficace pour résoudre les conflits dans les organisations artistiques. Dans ces deux cas, le « binôme dirigeant » veille à la poursuite conjointe des objectifs artistiques et commerciaux de l'entreprise. Lapierre (2001) estime, par ailleurs, que la distinction entre *management* et *leadership* est cruciale dans ces organisations. Le « leadership artistique » renvoie selon l'auteur à une capacité intrinsèque et individuelle que possèdent les artistes pour conduire les changements nécessaires et atteindre l'excellence dans leur art, ultime but de l'organisation.

---

[53] Chiappelo (1998) suggère que la tension entre artistes et managers est liée à la critique historique des artistes (romantisme, lyrisme..) du management (bourgeoisie, matérialisme ; utilitarisme…). Selon elle, on assiste aujourd'hui à un rapprochement des deux figures d'acteurs à la faveur d'une démystification du statut d' « artiste » et de nouveaux besoins en gestion dans les organisations culturelles.

Eléments de réflexion critique : entreprises de création vs. *small creative firms*

Comme nous venons de le voir, certains travaux en stratégie ont tendance à assimiler les entreprises de création à des « *small creative firms* ». En ce sens, la trajectoire de croissance des entreprises de création serait ramenée à celle de petites entreprises, dont la *valeur* se mesurerait avant tout à la « créativité » de leurs prestations. Mais sans être contradictoire avec cette approche, peut-on réduire les entreprises de création à des entreprises « créatives » ? Une œuvre d'art a-t-elle de la « valeur » *parce qu'*elle est « créative » ? Autrement dit, la créativité est-elle une notion suffisante pour caractériser la logique de création artistique et son impact sur le management ?

Malgré des apports potentiels que nous ne nions pas, les approches mobilisant les théories de la créativité nous ont paru insuffisantes pour deux raisons principales :

- La créativité n'est pas un attribut spécifique de l'activité artistique : retenir la créativité comme un attribut spécifique des artistes ou des organisations artistiques peut conduire à des idéalisations abusives de ces acteurs ou de ces organisations. Les ingénieurs, les scientifiques, les « bricoleurs » sont eux aussi « créatifs » à de nombreux égards ; et les bureaux d'études, les départements de R&D ou les ateliers de fabrication peuvent à ce titre être considérés comme des formes organisationnelles « créatives ». Comme l'on fait remarquer d'autres auteurs (voir par ex : (Roodhouse 2007)) la notion d'« industries créatives » perd alors de sa pertinence pour l'action.

- Il n'y a pas de lien évident entre la créativité individuelle et l'organisation : le passage de critères psychologiques, individuels, à des critères collectifs, nécessairement sociaux, est hautement problématique. Par exemple, dans son approche Bilton (2006) ne tente certes pas d'idéaliser l'artiste et cherche, au contraire, à sortir du mythe du « génie créateur » en caractérisant des « processus créatifs » (ex : combinaisons de « divergent/convergent thinking ») plutôt que des traits de personnalité. En revanche, il demeure plus évasif en ce qui concerne le passage de ces processus individuels à des processus collectifs. L'auteur s'en remet en effet à des principes de « confiance » et « respect mutuel », certes sûrement nécessaires, mais peut-être insuffisant pour réellement organiser l'action.

Il semble donc que la notion de « small creative firms », bien que pertinente pour désigner de nouveaux enjeux de stratégie, ainsi que de nouvelles trajectoires de croissance, n'est pas suffisante pour caractériser les entreprises de création. Notre argument principal repose sur le fait que la notion de « créativité », bien qu'étant sûrement une *composante* de l'activité artistique, ne parvient pas à en donner une description suffisamment *spécifique* et/ou *collective*, pour être mobilisable par les managers. Par ailleurs, les tentatives de définition de la « valeur » spécifique des « biens artistiques » nous ont également paru limitées pour notre étude. Ainsi, la notion dominante d'« *artistic semiotic goods* » (Barrère et Santagata 1999), nous paraît certes très pertinente en économie pour caractériser de nouveaux types de biens échangés. Mais, d'un point de vue managérial, elle nous semble toutefois insuffisante, en ce qu'elle masque les processus, qui conditionnent de tels fonctionnements symboliques. Autrement dit, cette notion ne permet pas de rendre visibles les opérateurs sémiotiques, qui permettent à des prestations artistiques de fonctionner symboliquement en tant que telles.

En résumé, même si la notion de « small creative firms » permet de caractériser des trajectoires de croissance originales, elle n'en explicite pas suffisamment les déterminants et ne les lie pas spécifiquement à l'activité de création artistique. Or, nous n'étudions pas des entreprises « créatives » en général, mais des entreprises cherchant spécifiquement à coupler un projet artistique avec un projet commercial. C'est avant tout en ce sens que nous parlons d'entreprises de création. En outre, les tentatives pour caractériser plus précisément les biens artistiques (produits ou services) ont tendance à substantiver la valeur de ces biens, et à masquer les opérateurs qui conditionnent leur fonctionnement symbolique.

Le renouvellement des espaces de conception et de jugement

Nous l'avons vu, le *arts management*, et en particulier le marketing des arts, s'intéresse aux modalités de soutien de la production et de la diffusion des œuvres. Cependant deux points d'interrogation peuvent être soulevés :

- L'activité artistique fonctionne comme une « boite noire » : l'action du « arts marketer » intervient très en aval de la création artistique et les auteurs s'interrogent avant tout à la mise en marché des œuvres. Il en résulte, que l'activité artistique est supposée autonome et peu problématisée en tant que telle. Comme le souligne Butler (2000), l'activité artistique est mal connue dans le domaine du marketing : « *What is required is a more advanced model or representation of the arts that would enlighten marketers already au fait with marketing theory and practice, but with limited knowledge of that business or context* » (Butler 2000, p.344). L'activité de l'artiste est de ce fait réduite à une sorte de « boite noire », sur laquelle l'action du manager se limite avant tout à en accroître la visibilité et à fournir des ressources financières. Or, sans minimiser cette dimension, le type de ressources pouvant soutenir l'activité artistique, ne se limite pas aux ressources financières.

- Les espaces de conception et de jugement sont supposés donnés à l'avance : l'activité artistique ne semble pas sans impact, sur ce que nous avons appelé les « référentiels artistiques ». Par exemple, l'histoire du théâtre montre maints exemples, où les espaces EC/EJ ont dû être repensées pour soutenir de nouvelles logiques artistiques (Guillet de Monthoux 2004). Or, dans les approches classiques, ces référentiels artistiques sont supposés donnés à l'avance. Autrement dit, tant l'espace de conception (profession artistique, outils, méthodes, langages…), que l'espace de jugement des œuvres (publics, critiques, magazines, dispositif de soutien,…) existent et sont mobilisables pour rendre visible l'artiste, auprès d'un public le plus large

139

possible. Certes, dans le second cas, les auteurs soulignent que ces espaces sont moins évidents et qu'il est parfois nécessaire de les construire, mais ils n'étudient alors, ni les conditions de possibilité de cette construction, ni les modalités opératoires de création de nouveaux dispositifs de jugement. Or pour des référentiels artistiques émergents, l'action managériale ne consiste pas uniquement en une mobilisation « efficace » des espaces EC/EJ existants, mais également en une régénération de ces espaces.

Les limites du modèle de la « codirection »

Le modèle de la codirection évoqué plus haut a certes le mérite de correspondre à une réalité observée en pratique. Cela dit, le management est alors souvent réduit à une direction « administrative »[54] subordonnée aux objectifs artistiques. Or est-ce toujours le cas ? Le manager est-il toujours réduit à un administrateur support ? N'y a-t-il pas des cas, où ses liens avec l'artiste sont plus forts et profonds (Bendixen 2000; Béjean 2007b) ? De même, les conditions d'existence d'une *relation de codirection* sont-elles toujours données à l'avance ? Sait-on toujours organiser le « dialogue » entre artistes et managers ? Le « compromis » et l'« ajustement mutuel » (Chiappelo 1998) sont-ils suffisants ? Ces questions demeurent encore, selon nous, sans réponse satisfaisante pour le moment.

Figure 23 - Le modèle du compromis/conception conjointe– Tiré de Hirt (2003)

COMPROMIS	CONCEPTION CONJOINTE
Objet : recherche de solution dans un projet **Apprentissages :** - Connaissances et compétences supposées disponibles - Apprentissages à la marge **Résultat :** vu comme issu d'une négociation / arbitrage (*rapport de force*).	**Objet :** génération de dynamiques de conception conjointes **Apprentissages :** - Création de connaissances - Nouvelles coopérations, nouveaux modes de coordination - Création de nouveaux objets partagés **Résultat :** dépendant principalement des dynamiques d'exploration et d'apprentissage conduites.

En outre, dans le modèle du « compromis », l'objet *discuté*, quand il existe, est rarement *constitué* au cours du débat. Il est *débattu*. Dans le cas, où il s'agit d'une négociation souhaitée, les acteurs cherchent ainsi avant tout un agencement de valeurs et de conventions, qui soit suffisamment partagé pour préserver la cohésion collective et

---

[54] On peut y voir le rôle de « fonction support » telle qu'elle est décrite par Becker (1982).

suffisamment cohérent pour être mobilisé dans l'action. Mais, dans le cas d'une exploration, cette double opération est d'autant plus délicate, que certains des attributs de l'objet ne sont pas donnés à l'avance. À partir d'une étude des relations entre designers et ingénieurs, Hirt (2003; 2004) montre ainsi que tout « compromis » repose sur des *préalables*, dont l'existence n'est pas toujours donnée et qu'il est alors nécessaire de construire en pilotant des dynamiques de « conception conjointe ». L'auteur définit alors des « espaces d'exploration conjointe » (voir Figure 23). Dans ce type d'espace collectif, les opérations discursives ne sont plus réduites à des opérations dialogiques classiques[55], mais comportent des opérations de conception, où se redéfinissent objets et relations de l'action collective.

---

[55] Comme : « affirmer », « accepter », « contredire », « refuser »...

Annexe 2 – Le symbolique dans les organisations

Faire sens dans les organisations : récits et identités

D'inspiration « post-moderne » une perspective considère l'organisation comme une collection d'*histoires* et de *récits* construits, performés ou racontés au cours de l'action collective. Il existe une très grande variété de travaux sur ce thème et nous ne pouvons pas tous les mentionner dans notre étude. Notons juste que Boyce (1996) identifie trois grands paradigmes du récit :

- Le constructivisme social et l'interactionnisme symbolique : héritée de Berger et Luckmann (1967), il s'agit d'une perspective qui étudie la *construction*, ainsi que la *fonction*[56] des histoires dans les organisations. Boyce (1996) précise : « *The salient aspects of the research explicitly linking social construction, story and organization are that: Stories are useful for new member socialization and generating commitment. Familiarity with dominant organizational stories can be an indicator of adaptation. Story can be a vehicle for social control. Meaning can develop consciously and/or unconsciously* » (Boyce 1996, p.7).

- Le symbolisme organisationnel : en prolongement des travaux de Burrell et Morgan (1979) ainsi que de Pondy (1983), cette perspective étudie la *fonction symbolique* du récit, en tant que *processus* premier *d'expression* individuelle et collective (Boyce 1996). Toutes les formes de production symbolique sont alors analysées (images, logo, histoires…) pour comprendre l'organisation. Gephart (1991) affirme ainsi que les récits jouent un rôle majeur dans la constitution et la succession de cycles de *sensemaking* (Weick 1995). La production de récits et de discours qui « racontent » l'organisation est alors analysée comme un élément crucial de la production et de la mémoire du sens. Boje (1991) définit également l'organisation comme : « *a collective storytelling system in which the performance of stories is a key part of members' sense making and a means to allow them to supplement individual memories with institutional memory.* » (Boje 1991, p.106). Czarniawska (1997) utilise quant à elle la métaphore du *texte* pour réinterroger les notions de *rôles*, de *subjectivité* et d'*identité* dans les organisations. Elle essaie alors d'interpréter, d'un point de vue « dramaturgique », la façon dont ces éléments, qui s'inscrivent et se construisent dans l'entrelacs des relations intersubjectives, conduisent à construire l'identité institutionnelle des organisations.

- Le post-modernisme critique : cette perspective regroupe des travaux cherchant à *déconstruire* les *mythes* organisationnels (Bowles 1989). Boyce (1996) précise :

---

[56] Selon Wilkins et Martin (1979), il s'agit par exemple des trois fonctions suivantes : « *generating commitment, making sense of the organization, and control* » (cités dans: Boyce 1996, p.6).

« *Bowles's critique of organizational myth and meaning draws attention to the ways in which myth and story are utilized to promote and to reinforce dominant ideologies. An intellectual and ethical challenge to those working with organizational story flows logically from Bowles's critique. The use of myth and story is not value neutral. Story researchers, managers and practitioners can use story and storytelling in organizations to describe and sustain the current power structure, or to nurture and fuel creativity and liberation and to develop new meaning of work and personhood by individuals and groups* » (Boyce 1996, p.11). Le récit ne se limitant pas nécessairement au domaine du « verbal », on peut ajouter la contribution originale de Kivinen (2006) à propos du rôle des images dans la *construction* et l'*extension* de l' « espace » des organisations. En envahissant également les mondes « virtuels » (ex : Internet) ces images tendent, selon l'auteur, à reproduire l'ordre social à de nouvelles échelles.

On peut interpréter ces approches comme une tentative de fonder une théorie organisationnelle renouvelée du « social » à partir de l'étude des manifestations symboliques des liens sociaux. Dans cette perspective le « jugement esthétique » devient un mode de perception plus affiné pour décrire et comprendre la « vie organisationnelle » (Strati 1992). Il permet de rouvrir la phénoménologie managériale classique en réintroduisant de nouveaux objets de signification collective, qui ne se limitent pas aux « mythologies » gestionnaires traditionnelles (Bowles 1989).

En somme, à l'inverse du processus de « désenchantement » wébérien (Weber 1994, 1ère éd. fr. 1964), caractéristique de la « perte de sens » des sociétés modernes et des bureaucraties, on peut voir dans cette approche une tentative de « réenchantement » des organisations. En ce sens, la « croissance » d'une entreprise ne dépend pas uniquement d'indicateurs externes préétablis, fussent-ils qualitatifs, mais précisément de la capacité collective à construire et renouveler du sens au cours de l'action. Dans le cas des entreprises de création cette dimension semble d'autant plus importante que l'entreprise, dans son ensemble, vise à l'atteinte d'objectifs « signifiants ».

Réintégrer l'expérience sensorielle : l'esthétique organisationnelle

Antonio Strati (1992) est l'un des premiers à avoir problématisé les relations entre *organisation, management* et *esthétique*, en revenant à l'*expérience vécue* dans les organisations. Cette réflexion épistémologique sur la contribution, non exclusive, de l'esthétique, à la compréhension des organisations (Strati 2000), a ouvert la voie à de nombreux travaux et à la constitution d'un véritable champ académique. Cela dit, l'unité des travaux concernés étant liée à une posture critique « du » point de vue esthétique, elle est de fait trompeuse et le champ de l' « esthétique organisationnelle » est très hétérogène.

Toutefois, d'après Taylor et Hansen (2005) il est possible de classer les travaux de ce champ selon deux dimensions : le *contenu* et la *méthode* des recherches : « *We labeled the two continua method and content. The methods used in aesthetic research range from intellectual methods that are the classic tools of social science research to artistic methods that draw on the use of art practices. [...] On the content continuum, at one end is instrumental that considers mainstream organizational research questions of efficiency and effectiveness, impact on the bottom line, power inequities. Other content involves aesthetic issues that the day-to-day feel of the organization, questions of beauty and ugliness, or in short aesthetic content that has not been part of much of mainstream organizational research.* » (p.1218) Le croisement de ces deux dimensions permet d'après eux d'organiser une revue synthétique de la littérature (voir Tableau 9).

- Case 1 : ces recherches visent à utiliser les métaphores et pratiques artistiques pour renouveler l'espace phénoménologique du management traditionnel. Selon cette perspective, l'esthétique est un point de vue épistémologique externe au management. Ce sont les recherches dominantes et les plus en lien avec notre problématique.

- Case 2 : ce sont ici les méthodes de recherche, elles-mêmes, qui sont questionnées. Le lecteur intéressé pourra se reporter aux travaux de Meisiek et Barry (2007) sur l'utilisation des méthodes théâtrales pour mener des recherches dans les organisations.

- Case 3 : cette case correspond à certaines des critiques internes des disciplines traditionnelles du management, que nous avons déjà passées en revue. D'après Taylor et Hansen (2005) son spectre est aussi large que la définition du mot « esthétique » peut l'être...

- Case 4 : d'après Taylor et Hansen (2005) cette case est plutôt « vide » pour le moment et ces derniers espèrent que des recherches seront menées pour créer des savoirs ancrés dans la sensation, au travers des expériences esthétiques.

Tableau 9 - Le champ de l'esthétique organisationnelle (tiré de Taylor et Hansen (2005))

		Contenu	
		Instrumental	**Esthétique**
Méthode	**Intellectuel**	**1** • Utilisation des formes artistiques comme métaphores pour les organisations • Les enseignements de l'art pour le management • Arguments sur l'importance de l'esthétique organisationnelle • Utilisation de l'esthétique pour affiner la compréhension des questions organisationnelles	**3** • Industries et produits fondamentalement esthétiques par nature • Formes esthétiques dans les organisations • L'expérience sensitive directe de la réalité quotidienne organisationnelle
	Artistique	**2** • Utilisation de méthodes artistiques pour travailler sur des problèmes individuels • Utilisation de méthodes artistiques pour travailler sur des problèmes organisationnels • Utilisation de méthodes artistiques pour illustrer/présenter des arguments intellectuels	**4** • Utilisation de méthodes artistiques pour présenter l'expérience sensitive directe et quotidienne dans les organisations

Apprendre des pratiques artistiques : design, théâtre et improvisation

On peut interpréter ce type de réflexions comme une tentative de fonder un nouvel *ethos* managérial, à partir du rapport original que les artistes paraissent, eux-mêmes, entretenir au monde. Historiquement construits dans des contextes « incertains » et « turbulents », les langages d'action artistiques seraient, dans cette perspective, plus « efficaces » que les langages managériaux classiques. Par exemple, les travaux du projet « Fields of Flow » (Sjöstrand 2002) tentent d'explorer les potentiels allers-retours entre art et management et dressent un portrait du « manager en artiste ». Dans une autre perspective, Bolland et Collopy (2004) montrent les managers doivent s'inspirer des designers pour passer d'une « *decision attitude* » à une « *design attitude* ». D'autres travaux ont cherché à utiliser des métaphores structurantes pour repenser le management.

En premier lieu, de nombreuses approches mobilisent la métaphore du théâtre pour repenser le management. Ces perspectives *critiques* se fondent essentiellement sur les travaux de Goffman (1973) et sur les résultats de l'interactionnisme symbolique. L'action managériale est alors conçue comme une « performance » (ex: Höpfl 2002), en jouant sur la polysémie du terme[57], ponctuée d' « événements théâtraux » censés être esthétisés (ex: Wetterström 2002). Ainsi Vaill (1989) considère par exemple le management comme une performance théâtrale et propose une réflexion post-moderne[58] sur les « rôles » des managers dans un monde changeant et chaotique. En s'inscrivant dans le retournement du discours managérial des années quatre-vingt-dix (voir section I.A.), il critique les fonctions administratives classiques et propose une perspective centrée sur un leadership inspiré de l'art, « fluide et holistique ». Le langage artistique est alors utilisé afin d'enrichir les descriptions habituelles du leader.

Selon une perspective plus *instrumentale*, Austin et Devin (2003) affirment également que dans les économies contemporaines, caractérisées par le poids de la connaissance, la complexité et l'incertitude, le management ne peut plus se réduire à ce qu'ils nomment l' « *industrial making* », hérité du taylorisme et du fordisme. En analysant l'organisation d'une représentation théâtrale du point de vue de la gestion de projet, ils mettent en évidence un « *artful making* ». Ce dernier repose sur des capacités d'exploration et de re-conception adaptées aux situations d'incertitude: « *Artful making doesn't protect against uncertainty. [...] [It] provides an approach to unexpected variation: it builds on ability to improvise, to incorporate and reconceive the unexpected into new and valuable outcomes.* » (Austin et Devin 2003, p.138). Selon ces auteurs, ces deux modèles d'action ne sont pas contradictoires, mais ils doivent au contraire se compléter selon les contextes.

En second lieu, la métaphore de l'improvisation a également été beaucoup utilisée. Dans le numéro spécial d'*Organization Science* de 1998 Weick (1998), Hatch (1998) et Barrett (1998) soulignent ainsi l'utilité de la métaphore du jazz pour repenser l'activité managériale. Selon eux, ce type d'improvisation dévoile des modes de coordination, d'apprentissage et d'innovation adaptés aux contextes turbulents et complexes. De même, prenant explicitement en compte les enjeux d'*innovation* et d'*émergence*, Crossan et Vera (2005) proposent de dépasser les perspectives traditionnelles sur les enjeux de créativité *individuelle* et suggèrent de conceptualiser des « compétences improvisationnelles » favorisant l'innovation collective. Elles tentent ainsi d'intégrer des principes d'action provenant de l'improvisation théâtrale au management traditionnel.

Pour autant la transposition de principes d'action artistiques en principes de management peut-elle être aussi directe ? Peut-on par exemple *planifier* l'improvisation (Miner, Bassoff et Moorman 2001) ? Pour répondre à ces questions, Kamoche, Cunha, et Cunha (2001; 2003)

---

[57] Performance théâtrale, performance économique, action « performée »...
[58] On retrouve les thèmes post-modernes de la fragmentation du monde et de la multiplicité des discours. Vaill (1989) parle, lui, de « dialexic society ».

proposent d'étendre le champ de l'improvisation organisationnelle au-delà d'une unique métaphore (en l'occurrence celle, dominante, du jazz). Ainsi, à partir de trois autres pratiques artistiques (musique indienne, thérapie musicale, jeu de rôle) ces derniers cherchent à fonder une théorie contingente de l'improvisation organisationnelle. Selon ces auteurs la performance de l'improvisation repose sur :

- Une double condition d'engagement : les auteurs spécifient une double condition nécessaire à l'organisation de l'improvisation, à savoir : l'existence d'une *motivation* et d'un *potentiel improvisationnel*. La *motivation* renvoie à la volonté d'improviser et comprend le degré d'intention des acteurs (élevé ou faible), ainsi que la nature de leurs rapports sociaux (compétitifs, collaboratifs...). Le *potentiel improvisationnel* renvoie quant à lui à la capacité effective d'improviser, qui dépend de « structures minimales », sociales (conventions, comportements...) ou techniques (choix de la clef, progression harmonique, ...), ainsi que de modes de coordination particuliers (organique, mécaniste, procédures, interactions...).

- Des facteurs de contingence : les auteurs identifient ensuite des facteurs qui déterminent la *viabilité* et la *qualité* de la « performance improvisationnelle ». Ces facteurs sont au nombre de cinq : le type de leadership, les caractéristiques individuelles, la culture, la mémoire et la taille du groupe.

- Des types de performances différenciés : chacun des modèles d'improvisation conduit alors à un type de performance différent : « *Therefore, every organization has to determine the objectives and degree of improvisation it requires, and secondly, the appropriate improvisational model or combination of models* » (Kamoche, Cunha et Cunha 2003, p. 2046). Le manager est alors en charge de choisir et de combiner des modèles improvisationnels en accord avec les objectifs de l'organisation.

En conclusion, ces auteurs montrent que l' « improvisation » n'est pas une métaphore suffisante si l'on ne tient pas compte de l'activité considérée. Dans un article récent, nous avons d'ailleurs montré que les artistes pouvaient déployer des stratégies d'improvisation sophistiquées (Béjean et Gentès, 2013).

Le cas des « art firms »

Dans son ouvrage, *The Art Firm*, Guillet de Monthoux (2004) tente de caractériser une forme particulière d'entreprise, dont l'objectif premier est de produire un « art véritable ». Pour ce faire, il introduit la notion de « Schwung » (voir infra) et suggère que l'objectif d'une « art firm » est de faire fonctionner l'art comme instrument du Schwung. Il tire alors de nouvelles conclusions sur la *nature* de l'action managériale dans les « art firms ».

Afin de caractériser l'activité d'une « art firm », Guillet de Monthoux (2004) propose de revenir à la définition schillérienne du « jeu ». Selon l'auteur, l'analyse de Schiller peut s'interpréter comme suit : chaque être humain *désire* un équilibre harmonieux entre

« nature » et « culture », « corps » et « esprit », « possible » et « banal »... Cette dualité repose en fait sur une tension entre deux types de pulsions fondamentales : *Stofftrieb* et *Formtrieb*. La première peut conduire au matérialisme et à l'hédonisme, la seconde conditionne la morale et la rationalité. Pour l'homme moderne, cette dualité est devenue une alternative claustrée, poussant aux extrêmes de la « tyrannie morale » ou de la « barbarie matérielle ».

Or, selon Guillet de Monthoux, Schiller offre une échappatoire à cette polarité réductrice: « *Schiller provides an aesthetic escape route from the dilemma of two countervailing forces* » (2004, p.20). Cette voie émancipatrice repose sur une troisième pulsion – *Spieltrieb* – définie comme désir de *jouer* : « *When Humans joyfully swing between the two poles, they are in the Schwung of things, balancing sensitively on the bridge between nature and culture, between body and soul, between form and substance.* » (2004, p.19). Selon cette perspective, l'expérience *esthétique* permet le *Schwung* et le but de l' « art » est d'être un instrument de ce jeu libérateur : « *Art should work as Schwung [...], the pendulum movement between form and substance.* » (2004, p.20). Une « art firm » est donc une entreprise organisant un Schwung à partir d'une prestation artistique (voir Encadré 5).

Une fois le modèle d'activité défini, Guillet de Monthoux (2004) soulignent les limites des fonctions classiques du management. La stratégie d'une « art firm » ne peut se résumer à des objectifs classiques de croissance, mais réside dans le management du *Schwung,* afin d'éviter deux risques majeurs : la banalisation de l'art (« matière ») et la totalisation de l'art (« forme »). L'auteur affirme en outre que le marché est désormais « fragmenté » et que le *marketing* ne peut pas prescrire l'ensemble des goûts artistiques : « *The anonymous mass market situated somewhere far away seems to be an obsolete myth.* » (p.339). Soulignant que les artistes doivent rester dans une dynamique de renouvellement et chercher à présenter des « méta-produits », il montre que les *fonctions de contrôle* classiques masquent la « plus-value esthétique » et que les raisonnements classiques sur les coûts de productions peuvent être fatals aux « art firm ».

Ainsi, dans une « art firm » l'enjeu managérial se situe avant tout dans le management stratégique du « Schwung ». Ce dernier implique d'étendre la *fonction managériale* classique. Celle-ci ne se réduit plus à une fonction « support » de l'activité artistique, mais s'étend à *la gestion des processus de conception et de jugement* des œuvres d'art. Guillet de Monthoux (2004) parle en ce sens de « management de l'esthétique ». Le cas de Wagner, développé par cet auteur, illustre et approfondit ce nouvel élément.

Encadré 5 - Le modèle de la « art firm »

Selon Guillet de Monthoux (2004), une « art firm » nécessite quatre « joueurs » pour faire fonctionner l'art en tant qu'instrument du Schwung : l'*artiste* et le *technicien*, côté « back stage », et le *public* et le *critique*, côté « front stage » (voir schéma ci-dessous) :

- **Le « public »** : le *public* est fondé sur la philosophie esthétique kantienne et sur la notion de « jugement ». Guillet de Monthoux (2004) rappelle que, chez Kant, le jugement esthétique n'est pas un raisonnement logique classique : « *Beauty and the* sublime *belong to the [kind of indefinite* concepts] [...] ; they are not names of qualities possessed by an object. [...]. [Thus] a work of art does not possess certain qualities that give it aesthetic value [...].* » (2004, p.31). Le jugement esthétique ne renvoie donc pas à une *démonstration* d'une « vérité », mais à une relation instantanée d'*éveil* à la « vérité universelle ».

- **L' « artiste »** : l'*artiste* est défini à partir de la notion de « créateur » chez Schelling. L'artiste est ainsi un créateur de symboles qui le transcendent lui-même et qui le relient à l'Absolu. En ce sens, l'artiste propose des « méta produits » qui échappent aux rapports forme/matière classiques.

Le modèle de la « art firm » - Guillet de Monthoux (2004)

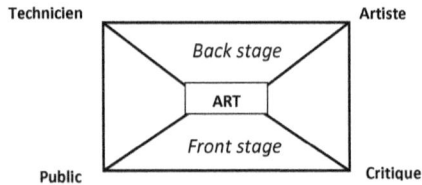

Technicien   Artiste

Back stage

ART

Front stage

Public   Critique

- **Le « critique » :** le *critique* est défini à partir de la philosophie pragmatique de Dewey : « *Dewey discovered that it took more than the usual buyer/demand – Seller/supply dyad of market exchange* » (p.44) Guillet de Monthoux insiste ainsi sur le rôle de la *prescription* : « *Dewey suggests that even a new work of art [...]requires a lengthy incubation period, and artistic experiences arise in a cultured audience trough a long process of aesthetics education for which the critic philosopher-teacher has the main responsibility.* » (p.56).

- **Le « technicien » :** le *technicien* est défini à partir de la philosophie nietzschéenne. Avec humour, Guillet de Monthoux fait remarquer : « *Nietzsche sets up a management model for staging aesthetic plays.* » (p.60). En référence aux représentations des tragédies grecques, l'auteur propose de considérer l'énergie « dionysiaque » nietzschéenne comme fondement du leadership dans une « art firm ».

Wagner à Bayreuth : construire la « scène » de l'artiste

Nous reprenons ici le cas de Wagner à Bayreuth, sélectionné par Guillet de Monthoux dans *The Art Firm*[59] (2004, p.110-121). Selon Guillet de Monthoux (2004) Wagner est un artiste en rupture avec son époque : « *Richard Wagner (1813-1883) grew tired of the banality of operatic show biz.* » (2004, p.110). Ne supportant plus la situation du théâtre et de l'opéra, le compositeur allemand va alors chercher à créer un nouveau « modèle » de théâtre, seule solution pour atteindre ses ambitions artistiques :

- Le Théâtre avant l'expérience de Bayreuth : le spectre de la « banalité » : selon Guillet de Monthoux, le Théâtre avant Bayreuth était dans un état déplorable de banalité : « *It was as if the artists and the critics had dropped out of the aesthetic play, and now only technicians and audience counted at all. [...] Instead of quality, a reign of quantitative productivity resulted in an* Alltagstheater *a humdrum production where each audience expected some flashy new offering for its enjoyment* » (2004, p.110). La « starification » des acteurs, la banalisation des prestations pour un public non averti, ou encore, la tutelle de l'État étaient, parmi d'autres, les principaux maux responsables de cette situation.

- Une problématique organisationnelle : Guillet de Monthoux montre alors que cette banalité renvoie à une incapacité managériale pour organiser le Schwung : « *In the vast majority of cases, spectacular companies lacked any type of quality management. Wagner allied himself with [...] people who also realized that organizational change was needed in theaters to make art work again* » (2004, p. 111). À l'époque le modèle du « théâtre à l'italienne » prévaut (voir Figure 3): « *The façades of these theaters boasted balconies upon which costumed actors would parade as advertisements for current productions. The stall were full of middle-class citizens eager for entertainment, and higher up in gods sat working-class crowds, hungering for distraction. [...] these theaters were markets for mass-produced melodrama where stage technicians delivered their services to an anonymous audience* » (2004, p. 113). Selon l'auteur, cette situation interdit de réelles prestations artistiques et elle explique la volonté, qui anime Wagner, de créer un théâtre « exemplaire », à la hauteur de ses ambitions de créateur.

- Le Théâtre de Bayreuth : la régénération de la « scène » de l'artiste : selon Guillet de Monthoux (2004), Wagner se comporte alors en véritable « entrepreneur ». Cherchant à renouveler l'art de l'opéra, Wagner va construire un nouveau modèle organisationnel du théâtre et renouveler conjointement « back stage » et « front stage ». Au niveau « back stage » entend transformer les pratiques courantes d'interprétation : « *Neither scores, nor scripts were originals to be slavishly copied ; rather they stated philosophical problems that could only be solved in direct*

---

[59] Afin d'en clarifier l'exposé, nous avons eu recours à des illustrations complémentaires, non présentes dans le texte de Guillet de Monthoux (2004). Nous en sommes seul responsable.

interaction of audience and performer. [...] Wagner believed that opera was drama, and that the performers ought to learn skills in 'stylistic schools' » (2004, p.118-119). Au niveau « front stage », Wagner souhaite construire un nouvel espace de jugement de ses œuvres : « [...] *the audience was expected to behave differently* [...]. *Through the establishment of his art firm, Wagner's audience developed from an anonymous open market to a progressively more exclusive circle of friends* [...]. *[The] intellectual conditioning was not all the preparation for the audience* [...]. *Obviously, the procession to the opera was a formal affair and certainly not a case of rushing directly from work with a head full of everyday concerns and dressed in everyday clothing. Nor was it like spending the evening sitting in a box with a supply of chilled champagne and gossiping about other members of the audience one glimpsed through opera glasses* » (2004, p.119-120).

De cette régénération résulte un nouveau modèle de theatre, où la contemplation de la prestation artistique « *was conditioned by shut doors, dimmed light, and an orchestra pit hidden under the stage to make contact between artists and audience as direct and immediate as Schopenhauer had wished* » (2004, p.120).

Bibliographie

Adorno, T. W. et M. Horkheimer (1974 (1947)). La production industrielle des biens culturels. La dialectique de la raison. Paris, Gallimard.

Agid, P. et J.-C. Tarondeau (2003). "Manager les activités culturelles." Revue Française de Gestion 29(142).

Assassi, I. (2003). "Spécificités du produit culturel. L'exemple du spectacle vivant." Revue Française de Gestion 29(142).

Assouline, P. (1988). L'Homme de l'Art. D. H. Kahnweiler, 1884-1979. Paris, éd. Balland.546 p.

Aumont, J., Ed. (2000). La mise en scène. Arts et cinéma. Bruxelles, De Boeck Université.

Aurier, P. et J. Passebois (2004). Le rôle de l'expertise des consommateurs dans la compréhension et l'optimisation de l'expérience culturelle. 9èmesJournées de Recherche en Marketing de Bourgogne, Dijon, Filser, M. (éd.).

Austin, R. et L. Devin (2003). Artful making: what managers need to know about how artists work. Upper Saddle River, New Jersey, Financial Times Prentice Hall.201 p.

Baetens, Jan. (1988). Autographe / Allographe (à propos d'une distinction de Nelson Goodman). Revue Philosophique de Louvain. Quatrième série, Tome 86, N°70, 1988. pp. 192-199

Baridon, M. (1998). Les jardins. Paysagistes, jardiniers, poètes. Paris, Robert Laffont

Baridon, M. (2003). L'ancien et le nouveau selon Russell Page (1906-1985) et Geoffrey Jellicoe (1900-1994). Actes du séminaire de Barbirey-sur-Ouche.

Barley, S. R. et G. Kunda (1992). "Design and Devotion: Surges of Rational and Normative Ideologies of Control in Managerial Discourse." Administrative Science Quarterly Vol. 37(Issue 3): 37p.

Barrère, C. et W. Santagata (1999). "Defining Art. From the Brancusi Trial to the Economics of Artistic Semiotic Goods." International Journal of Arts Management Vol 1(N° 2 Winter 1999).

Barrett, F. J. (1998). "Creativity and Improvisation in Jazz and Organizations: Implications for Organizational Learning." Organization Science Vol. 9(No. 5): pp. 605-622.

Baumol, W. J. et W. G. Bowen (1966). Performing arts. The economic dilemma: a study of problems common to theater, opera, music and dance. Cambridge, Mass., MIT Press

Becker, H. S. (1982). Art Worlds. Berkeley, University of California Press.392 p.

Becker, H. S. (1983). "Mondes de l'art et types sociaux." Sociologie du travail(Issue 4 - Les Professions Artistiques).

Béjean, M. (2007a). Densification as a mindset for arts management: learning from jazz drumming. EGOS 2007, Vienna, Austria.

Béjean, M. (2007b). Rethinking arts management through design theory: the case of artistic gardening. 9th International Conference on Arts and Cultural Management, Valencia, Spain.

Béjean, M. (2007c). Vers un management stratégique des fonctions de conception dans les entreprises artistiques: le cas de la création de jardins. XVIè Conférence Internationale de Management Stratégique, Montréal, Canada.

Béjean, M. (2008a). A design-based view on managerial work: learning from the arts. EGOS 2008, Amsterdam (Netherlands).

Béjean, M. (2008b). What do(n't) managers do? Regenerating managerial work: lessons from the arts. EURAM 2008, Ljubjana (Slovénie).

Béjean, M., et A. Gentès (2013). "Looking through tools and situations: investigating how writing tools reconfigure meaning in contemporary artistic practices". Society and Business Review, 8(3), 225-234.

Béjean, M.(2014). Penser Le Jardinier-Créateur: Vers Une Caractérisation D'un Projet de Conception Singulier. In Le Renouveau Des Jardins: Clés Pour Un Monde Durable, édité par Edith Heurgon, Sylvain Allemand, et Sophie De Paillette. Paris: Hermann.

Béjean, M., L. Drai, et B. Segrestin. (2014). Création Salariée: Une Analyse Croisée Des Nouveaux Collectifs de Création. In Normes Juridiques et Normes Managériales: Enjeux et Méthode D'une Nouvelle Internormativité, édité par Eric Pezet et Juliette Sénéchal. Droit et Société.

Béjean, M., et A. C. Ehresmann (à paraître). D-MES : Conceptualizing the Working Designers. The International Journal of Design Management and Professional Practice: 1–17.

Bendixen, P. (2000). "Skills and Roles: Concepts of Modern Arts Management." International Journal of Arts Management Vol.2(3).

Benhamou, F. (2004). L'économie de la culture - 5è Ed. Paris, La Découverte.123 p.

Berger, H. S. et T. Luckmann (1967). The Social Construction of Reality. New York, Anchor

Bilton, C. (1999). "The New Adhocracy: Strategy, Risk and the Small Creative Firm." Working Paper no. 5: 29 p.

Bilton, C. (1999). "Risky Business: the Independent Production Sector in Britain's Creative Industries." International Journal of Cultural Policy Vol. 6(no. 1): pp. 17 - 39.

Bilton, C. (2006). Management and Creativity: From Creative Industries to Creative Management, Blackwell.190 p.

Björkegren, D. (1993). "Arts management." Journal of Socio-Economics Winter93 Vol. 22 (Issue 4): 16p.

154

Björkegren, D. (1996). The culture business. Management strategies for the arts-related business. London, Routledge.208p.

Björkman, I. (2002a). "Aura: Aesthetic Business Creativity." Consumption, Markets and Culture Vol. 5(1).

Björkman, I. (2002b). Beautiful business. EURAM, Stockholm, Sweden.

Boje, D. M. (1991). "Organizations as Storytelling Networks: A study of story performance in an office-supply firm." Administrative Science Quarterly 36(1).

Bosseur, J.-Y. (2005). Du son au signe: Histoire de la notation musicale. Paris, Alternatives

Bowles, M. L. (1989). "Myth, meaning, and work organization." Organization Studies Vol. 10(No. 3).

Boyce, M. E. (1996). "Organizational story and storytelling: a critical review." Journal of Organization Change Management 9(5).

Burrell, G. et G. Morgan (1979). Sociological Paradigms and Organizational Analysis. London, Heinemann

Busson, A. et A. Hadida (1993). Stratégie et politique d'entreprise. Le Management des entreprises artistiques et culturelles. Paris, Economica: pp.13-61.

Butler, P. (2000). "By Popular Demand: Marketing the Arts." Journal of Marketing Management Vol.16.

Byrnes, W. J. (2003). Management and the Arts, Focal Press.352 p.

Callebat, L. (1998). "Architecte": histoire d'un mot. Histoire de l'architecte. Paris, Flammarion.

Carlson, S. (1951). Executive Behavior: A Study of the Work Load and the Working Methods of Managing Directors. Stockholm, Stromberg

Castaner, X. (1995). Managing Professionals in Arts Organisations: The Barcelona Symphony Orchestra. AIMAC 1995, London.

Caves, R. E. (2000). Creatives industries: contracts between art and commerce. Cambridge Mass., Harvard University Press

Caves, R. E. (2003). "Contracts between art and commerce." Journal of Economic Perspectives Volume 17(Number 2): 11 p.

Cheney, T. (1998). "Managing the Culture Labour Force in the 21st Century." International Journal of Arts Management Volume 1: p.24-30.

Chevrel, C. A. (1979). Le Théâtre Artistique de Moscou (1898-1917). Paris, Editions du CNRS.361 p.

Chiappelo, E. (1998). Artistes versus Managers. Paris.257 p.

Chong, D. (2000). "Why critical writers on the arts and management matter." Studies in Cults., Orgs. and Socs. **Vol 6.**

Chong, D. (2002). Arts management. London, Routledge

Cocquebert, A. (2004). Le financement de l'industrie du disque. Paris, Ministère de la Culture et de la Communication - DMDTS.

Colbert, F., C. Beauregard et L. Vallée (1998). "The Importance of Ticket Prices for Theater Patrons." International Journal of Arts Management **1** (1).

Colbert, F., J. Nantel, S. Bilodeau, et al. (1993). Marketing Culture and the Arts. Boucherville

Cohnitz, Daniel, and Marcus Rossberg. (2006). Nelson Goodman. Edité par John Shand. Chesham:Acumen.

Cyr, A., G. Amado et L. Lapierre (1995). Pierre Bourque: le jardinier et l'ingénieur. Québec, Presses de l'Université du Québec

Czarniawska, B. (1997). Narrating the Organization: Dramas of Institutional Identity. Chicago, University of Chicago Press.242 p.

D'Angelo, M. (2002). Les groupes médiatico-culturels face à la diversité culturelle, Idée-Europe

De Kuyper, E. (2000). Une invention méconnue du XIXè siècle: la mise en scène. La mise en scène. J. Aumont. Bruxelles, De Boeck Université.

Desmarais, G. (1998). Dynamique du sens, Les éditions du Septentrion, Sillery (Québec)

Dewey, J. (2005). L'art comme expérience. Pau, Publications de l'Université de Pau

Dewey, P. (2004). "From arts management to cultural administration." International Journal of Arts Management **Vol.6**(Number 3).

Dezallier D'Argenville, A. J. (2003 - éd. originale 1747). La théorie et la pratique du jardinage. Où l'on traite à fond des beaux jardins. Le Méjan, Arles, Actes sud/ENSP

DiMaggio, P. (1987). Managers of the Arts: Careers and Opinions of Administrators of US Resident Theatres, Art Museums, Symphony Orchestras, and Community Arts Agencies. Washington, National Endowment for the Arts.89 p.

Dubost, F. (1983). "Les paysagistes et l'invention du paysage." Sociologie du travail(Issue 4 - Les Professions Artistiques): Oct-dec. 1983.

Duchamp, M. (1975). "Le processus créatif ". Duchamp du signe, Ecrits. Paris, Flammarion.

Ehresmann, A.C., et J-P. Vanbremeersch. (2007). Memory Evolutive Systems: Hierarchy, Emergence, Cognition. Elsevier, Amsterdam.

Elgin, C. Z. (2000). Worldmaker: Nelson Goodman 1906–1998. Journal for General Philosophy of Science.

Evrard, Y., A. Busson, C. Cauvin, et al. (1993). Le Management des entreprises artistiques et culturelles. Paris, Economica.320 p.

Evrard, Y. et F. Colbert (2000). "Arts management: a new discipline entering the millenium?" International Journal of Arts Management 2(N°2, Hiver 2000).

Fillis, I. (2004). "The entrepreneurial artist as marketer: drawing from the smaller-firm literature." International Journal of Arts Management Vol.7(No 1).

Filser, M. (2005). "Le management des activités culturelles et de loisirs: questions stratégiques et état des recherches académiques." Management et avenir.

Fitzgibbon, M. (2001). "Managing innovation in the arts: preserving environmental uncertainty - The case of Druid Theatre Company, Ireland." International Journal of Arts Management Vol. 3(Number 3).

Fixari, D., F. Kletz et F. Pallez (1996). La gestion des institutions culturelles est-elle spécifique? CAHIER N°11. Paris, CGS - Ecole des Mines de Paris.

Flew, T. (2002). Beyond ad hocery: Defining Creative Industries. The Second International Conference on Cultural Policy Research (Cultural Sites, Cultural Theory, Cultural Policy), Te Papa, Wellington, New Zealand.

Florida, R. (2002). The Rise of The Creative Class, Basic books

Fondas, N. et R. Stewart (1994). "Enactment in Managerial Jobs: A Role Analysis." Journal of Management Studies Vol. 31(Issue.1).

Gehry, F. O. (2004). Reflections on designing and architectural practice. Managing as Designing. R. J. Boland Jr et F. Collopy. Stanford, California, Stanford University Press: pp. 19-36.

Gephart, R. P. (1991). "Succession, sensemaking, and organizational change: a story of a deviant college president." Journal of Organization Change Management Vol. 4(Issue 3): 10p.

Girard, J-Y. (2006). Le Point Aveugle I – Cours de Logique – Vers la Perfection, Hermann Eds., Paris, p.217

Goffman, E. (1973, 1959). La mise en scène de la vie quotidienne. Paris, Les Editions de Minuit.256 p.

Gombault, A. (2003). "La nouvelle identité organisationnelle des musées. Le cas du Louvre." Revue Française de Gestion 29(142).

Goodman, N. (1990, 1968). Langages de l'art. Nîmes, Editions Jacqueline Chambon.312 p.

Goodman, N. (1992, 1978). Manières de Faire des Mondes. Nîmes, Editions Jacqueline Chambon.194

Goodman, N. (1996(1984)). L'art en théorie et en action. Paris, Editions de l'éclat

Goodman, N. et C. Z. Elgin (1994 (éd. orig. 1988)). Reconceptions en philosophie. Paris, PUF

157

Goodman, N., C. Z. Elgin, L. Handjaras, et al. (1992). Lire Goodman: les voies de la référence. Combas, Editions de l'Eclat

Goodman, N. (1985). Faits, Fictions et Prédictions. Les éditions de Minuit.

Goutier, J. (2003). Les nouveaux jardins de paysagiste. Paris, Flammarion

Greffe, X. (2002). Arts et artistes au miroir de l'économie. Paris, Editions UNESCO - Economica.316 p.

Gronn, P. (1999). "Substituting for Leadership: The Neglected Role of the Leadership Couple." Leadership Quarterly Vol. 10(Issue 1): 22p.

Gros, P. (1998). Les architectes grecs, hellénistiques et romains. Histoire de l'architecte. Paris, Flammarion.

Guillet de Monthoux, P. (1999). Esthétique du management: Gestion du beau et du sublime de Kant à Gadamer. Paris, L'Harmattan.202 p.

Guillet de Monthoux, P. (2004). The Art Firm - Aesthetic Management and Metaphysical Marketing, Standford University Press.391 p.

Hatch, M. J. (1998). "Jazz as a metaphor for organizing in the 21st century." Organization Sience 9(5).

Herscovici, A. (1994). Economie de la Culture et de la Communication. Paris, L'Harmattan

Hill, E., T. O'Sullivan et C. O'Sullivan (2003). Creative Arts Marketing. Jordan Hill - Oxford, Butterworth-Heinemann.368

Hirsch, P. (1972). "Processing fads and fashions: An organization-set analysis of cultural industry system." American Journal of Sociology(77): p.639-p.659.

Hirsch, P. (2000). "Cultural industries revisited." Organization Science Vol. 11(No. 3): pp. 356-361.

Hirschman, E. C. (1983). "Aesthetics, ideologies and the limits of the marketing concept." Journal of Marketing Vol. 47.

Hirt, O. (2003). The 'compromise pre-requisites': establishing the conditions for design concepts deployment. The Renault "Design Fundamentals" process. 3rd European Academy of Management, Milan.

Hirt, O. (2004). "La relation Design-Ingénierie dans les nouvelles organisations de la conception: du compromis à la conception conjointe. La démarche des «Fondamentaux en Design» de Renault." Magazine Design Management(N°5).

Holbrook, M. B. et E. C. Hirschman (1982). "The experiential aspects of consumption: consumer fantasies, feelings and fun." Journal of Consumer Research Vol 9(N°2).

Höpfl, H. (2002). "Playing the part: reflections on aspects of mere performance in the customer-client relationship." Journal of Management Studies Vol. 39(2): 13p.

Hunt, J. D. (2000). Greater Perfections - The practice of Garden Theory. London, Thames & Hudson.273 p.

Jeffri, J. et D. C. Throsby (2006). "Life after Dance: Career Transition of Professional Dancers." International Journal of Arts Management VOL 8 NO 3.

Jekyll, G. (1914). Colour Schemes for the Flower Garden. London, Frances Lincoln Limited.186 p.

Jutant, Camille, Annie Gentès, Mathias Béjean, and Cédric Mivielle (2013). "Design , Meaning Making and Constructive Fixation Conceptualizing Semiotic Conditions to the Process of Designing:" 1–11. Actes de l'IASDR, Tokyo.

Kamoche, K., M. P. Cunha et J. V. Cunha, Eds. (2001). Organizational Improvisation. London, Routledge.

Kamoche, K., M. P. Cunha et J. V. Cunha (2003). "Towards a theory of organizational improvisation: Looking beyond the jazz metaphor." Journal of Management Studies 40 (8): 29p.

Kawashima, N. (2000). Beyond the Division of Attenders vs. Non-attenders: A Study into Audience Development in Policy and Practice. Coventry, Centre for Cultural Policy Studies - University of Warwick: 90 p.

Kéravel, A. (1993). La gestion des ressources humaines. Le management des entreprises artistiques et culturelles. Paris, Economica: pp.105-143.

Kivinen, N. (2006). Entering organisations - essays on image, space and difference. Abo, Abo Akademi University

Kletz, F., J.-C. Moisdon et F. Pallez (1993). "Buffon dans l'entreprise – L'élaboration d'une classification des emplois à la Cité des Sciences et de l'Industrie." Gérer et Comprendre.

Kotler, P. (1967). Marketing Management: Analysis, Planning, Implementation and Control. New Jersey, Prentice Hall

Kotler, P. et S. J. Levy (1969). "Broadening the concept of marketing." Journal of Marketing Vol. 33.

Kotler, P. et J. Scheff (1996a). "Crisis in the arts: the marketing response." California Management Review 39(n°1): p.28-p.52.

Kotler, P. et J. Scheff (1996b). "How the Arts Can Prosper Through Strategic Collaborations." Harvard Business Review: p.52-p.62.

Kotler, P. et J. Scheff (1997). Standing Room Only: Strategies for Marketing the Performing Arts. Boston, Massachusetts, Harvard Business School Press

Lafortune, A., J.-G. Rousseau et L. Bégin (1999). "An Exploration of Management Control in the Arts and Cultural Sector." International Journal of Arts Management VOL 2(NO 1).

Lampel, J., T. Lant et J. Shamsie (2000). "Balancing Act: Learning from Organizing Practices in Cultural Industries." Organization Science **Vol. 11**(No. 3).

Lapierre, L. (2001). "Leadership and Arts Management." International Journal of Arts Management **Vol. 3**(Number 3).

Lash, S. et J. Urry (1994). Economies of Signs and Space. London, Sage

Laufer, R. (2008). « Institutions, Art et Management : fortunes et infortunes du symbolique», in N. Hillaire (dir.), L'artiste et l'entrepreneur, éd. Cité du Design : Saint-Étienne.

Lee, H.-K. (2005). "When arts met marketing: Arts marketing theory embedded in Romanticism." International Journal of Cultural Policy **Vol. 11**(No. 3).

Lindblom (1968). The policy-making process. Englewood Cliffs, New Jersey, Prentice Hall

McNicholas, B. (2004). "Arts, Culture and Business: A Relationship Transformation, a Nascent Field." International Journal of Arts Management **7** (1).

Meisiek, S. et D. Barry (2007). "Through the looking glass of organizational theatre: analogically mediated inquiry in organizations." Organization Studies **28**(12).

Miner, A. S., P. Bassoff et C. Moorman (2001). "Organizational Improvisation and Learning: A Field Study." Administrative Science Quarterly **Vol. 46**(Issue 2): 34p.

Morizot, J. (1992). « Eloge de la construction ». Lire Goodman: les voies de la référence. N. Goodman, C. Z. Elgin, L. Handjaraset al. Combas, Editions de l'Eclat.

Morizot, J. (1996). La philosophie de l'art de Nelson Goodman. Paris, Ed. Jacqueline Chambon.255 p.

Morizot, J., et R. Pouivet. (2011). La Philosophie de Nelson Goodman: Repères. Vrin:Paris.

Moulin, R. (1983). "De l'artisan au professionnel: l'artiste." Sociologie du travail(Issue 4 - Les Professions Artistiques).

Nicolas, François. 2013. Les Enjeux Logiques de L'écriture Musicale. In Les Mutations de L'écriture, édité par François Nicolas. Paris: Publications de la Sorbonne.

Ouellet, J.-F., M.-A. Savard et F. Colbert (2008). "The personnality of performing arts venues: developping a measurement scale." International Journal of Arts Management **10**(3).

Page, R. (2007, 1983). The education of a gardener. New york, New york review books

Petitot, J. (1992). Physique du sens. Paris: Editions du CNRS.

Petitot, J. (2004). Morphologie et esthétique. Paris, Maisonneuve et Larose.

Pick, J. et M. H. Anderton (1995). Arts Administration (2d ed.), Routledge

Pondy, L. (1983). The role of metaphors and myths in organization. Organizational Symbolism: Monographs in Organizational and Industrial Relations. L. R. Pondy, P. J. Frost, G. Morgan et T. Dandridge. Greenwich, JAI Press. **Vol. 1:** pp. 157-66.

Pouivet, R. (1992). *Lire Goodman: Les Voies de La Référence*. Editions de l'éclat.

Pulh, M., S. Marteaux et R. Mencarelli (2008). "Positionning strategies of cultural insitutions: a renewal of the offer in the face of shifting consumer trends." International Journal of Arts Management **10**(3).

Rentschler, R. (2001). "Is creativity a matter for cultural leaders?" International Journal of Arts Management **Vol.3**(Number 3).

Rentschler, R. et D. Shilbury (2008). "Academic assessment of arts management journals: a multidimensional rating survey." International Journal of Arts Management.

Renz, S. et S. Boerner (2008). "Performance measurement in opera companies: comparing the subjective quality judgements of experts and non-experts." International Journal of Arts Management **10**(3).

Roodhouse, S. (2007). Cultural industries: the business of defining, relationships and cultural management practice. AIMAC 2007, Valencia (Spain).

Rousseau, J.-G., A. Lafortune et L. Bégin (1995). Le contrôle de gestion et les entreprises des domaines des arts, de la culture et des communications: réflexions sur la littérature. AIMAC 1995, London.

Sargeant, A. (1999). Marketing Management for Nonprofit Organization. Oxford, Oxford University Press

Sauzet, M., A. Berque et J.-P. Ferrier (1999). Entre Japon et Méditerrannée. Paris, Massin édition

Scheff Berstein, J. (2007). Arts Marketing Insights: The Dynamics of Building and Retaining Performing Arts Audiences. San Francisco, Jossey Bass.294

Scott, S. V. et G. Walsham (2005). "Reconceptualizing and Managing Reputation Risk in the Knowledge Economy: Toward Reputable Action." Organization Science **Vol. 16**(No. 3).

Shore, H. (1987). Arts Administration and Management: A Guide for Administrators and Their Staffs. Wesport, Connecticut, Quorum Books.225 pages

Shottenkirk, D. (2009). Nominalism and Its Aftermath: The Philosophy of Nelson Goodman. Springer.

Sicca, L. M. (2000). "Chamber Music and Organization Theory: Some Typical Organizational Phenomena Seen under the Microscope." Studies in Cultures Organizations and Societies **Vol.6**(n.2.).

Sjöstrand, S. E. (2002). Fields of Flow - Art & Business - Aesthetics, Technology and Management. Stockholm, EFI, Ekonomiska Forskningsinstitutet vid Handelshögskolan i Stockholm.

Stanislavski, C. (2001). La formation de l'acteur. Paris, Payot

161

Starkey, K., C. Barnatt et S. Tempest (2000). "Beyond Networks and Hierarchies: Latent Organizations in the U.K. Television Industry." Organization Science **Vol. 11**(No. 3).

Strati, A. (1992). "Aesthetic understanding of organizational life." Academy of Management Review **Vol.17**(No 3).

Strati, A. (2000). The aesthetic approach to organization studies. The Aesthetics of Organization. H. In Höpfl. London, Sage: pp.13-34.

Stürdza, G. (2002). Vastérival: Jardin d'une passion, Maison rustique.155 p.

Stürdza, G. (2005). Le Vastérival ou l'art de créer des massifs attrayants toute l'année, Concept Jardin.167 p.

Taylor, S. S. et H. Hansen (2005). "Finding Form: Looking at the Field of Organizational Aesthetics." Journal of Management Studies **Vol. 42**(Issue 6).

Thiétart, R.-A. (2007). Méthodes de recherche en management. Paris, Dunod

Townsend, A. (2000). "An exploratory study of administrative workers in the arts: are they really different from for-profit workers?" Public personnel management **Vol 29**(N°3).

Turbide, J. et K. Hoskin (1999). "Managing non-profit arts organizations through management accounting systems: mission impossible?" International Journal of Arts Management **Vol.1**(Number 2).

Turbide, J., C. Laurin, L. Lapierre, et al. (2008). "Financial Crises in the Arts Sector: Is Governance the Illness or the Cure?" International Journal of Arts Management **VOL 10**(NO 2).

Vaill, P. B. (1989). Managing as a performing art: New ideas for a world of chaotic change. San Francisco, Jossey-Bass.236 p.

Venkatesh, A. (2001). "A Conversation with Pierre Guillet de Monthoux." Consumption, Markets & Culture **Vol.4**(N°4).

Vera, D. et M. Crossan (2005). "Improvisation and Innovative Performance in Teams." Organization Science **Vol. 16,**(No. 3).

Vercelloni, V. (1991, 1990). Atlas historique des jardins européens. Paris, Hatier.207 p.

Vérin, H. (2003). Les figures de l'entrepreneur: histoire et typologie. Le libéralisme, l'innovation et la question des limites (coord. R. Laufer et A. Hatchuel). Paris, L'Harmattan: pp.17-48.

Voogt, A. d. (2006). "Dual leadership as a problem solving tool in arts organizations." International Journal of Arts Management **Vol. 9** (n° 1).

Watkins, C. et I. W. King (2002). "Organisational performance: a view form the arts." Journal of Critical Postmodern Organization Science **Vol.2**(N°1).

Weber, M. (1994). L'éthique protestante et l'esprit du capitalisme. Paris, Pocket

162

Weick, K. (1995). Sensemaking in Organizations. Thousand Oaks, California, Sage

Weick, K. (1998). "Improvisation as a Mindset for Organizational Analysis." Organization Science Vol.9(No. 5).

Weick, K. (2004). Rethinking Organizational Design. Managing as designing. R. J. Boland Jr et F. Collopy. Stanford, California, Stanford University Press: pp. 36-53.

Weitz, M. (2004). Le rôle de la théorie en esthétique. Philosophie analytique et esthétique. Paris, Klincksieck: pp.27-69.

Wetterström, J. (2002). Management as Performance and Theatrical Events. EURAM-Conference, Stockholm University.

White, M. (2009). A Philosophy of Culture: The Scope of Holistic Pragmatism. Princeton and Oxford, Princeton University Press.224 p.

Wlassikoff, M. (2005). Histoire du Graphisme en France. Paris, Dominique Carré éditeur

Yin, R. K. (2003). Case Study research: design and method (3d Ed). Thousand Oaks, CA, Sage publication

www.ingramcontent.com/pod-product-compliance
Lightning Source LLC
Chambersburg PA
CBHW021600210326
41599CB00010B/524